반도체
투자 전쟁

반도체 투자 전쟁

글로벌 패권 경쟁이 가져올 거대한 기회

김영우 지음

page2

프롤로그

엄청난 변화는 엄청난 기회를 불러올 것이다!

중국에 대한 우려가 높아지다

프랑스의 유명한 황제이자 군인인 나폴레옹 보나파르트Napoleon Bonaparte는 중국을 '잠자는 거인Sleeping Giant'이라 칭하며 "그를 계속 잠들게 하라. 만약 그가 깨어나면 그는 세계를 흔들 것이다"라고 경고했습니다. 2014년 프랑스를 방문한 중국의 시진핑習近平은 "평화로운 사자가 깨어나는 데 대해 세계는 걱정할 필요가 없다"라는 말로 중국에 대한 서방 진영의 우려를 해소하려 했습니다.

중국에 대한 우려가 높아진 것은 2013년에 널리 알려진 해킹 사건 때문입니다. 2013년 미국의 《워싱턴포스트》는 미국 국방과학위원회DBS의 기밀 보고서를 입수해 중국 정부가 배후에 있는 것으로 알려진 해커 집단에 F-35전투기, 글로벌 호크 무인기, 패트리엇 미사일, 사드THAAD, 이지스함의 미사일 방어 체계 설계도 및 주요 정보가 무더기로 넘어갔다고 보도했습니다. 하지만 중국이 첨단 무기에 대한 정보를 빼낸다 하더라도 미국에 실질적으로 위협을 가할 최첨단 무기를 만들 수 있는 능력은 제한적일 것으로 판단했기에 큰 마찰 없이 넘어갔습니다. 그러나 2015년 중국이 반도체 굴기를 선언하고, 칭화유니그룹이 미국의 종합 반도체 업체인 마이크론 테크놀로지Micron Technology(이하 '마이크론')와 샌디스크San Disk 인수에 나서자, 미국은 더 이상 지켜만 볼 수 없는 처지에 몰리게 되었습니다.

하버드대학 석좌교수인 그레이엄 앨리슨Graham Allison은 자신의 저서 『예정된 전쟁Destined for War』을 통해 '지배 세력에 신흥 세력이 도전한 사례는 16번 있었고, 이 가운데 12개가 전쟁으로 귀결되었으며, 단지 4개만 전쟁을 회피하고 평화롭게 진행되었다'라고 밝혔습니다. 미국과 중국의 패권 경쟁은 17번째라고 합니다. 중국은 과거 아시아를 제패하고 세계를 호령했던 지배적인 영향력을 회복하길 원하는데, 이를 위해 중국 내 사회적 통제를 강화하고 민족주의적 감정을 활용하고 있습니다. 그리고 경제, 국방, 과학, 기술, 문화 등 모든 부문에서 중국이 세계를 선도하겠다는 꿈을 꾸고 있습니다. 시진핑은 "중국의 위대한 부흥을 위해서는 강력한 군대가 반드시 필요하다"라고 목소리를 높이고 있습니다. 팍스 아메리카나Pax Americana 시대는 30년 만에 막을 내려야 하는 것일까요?

신형대국관계와 미국의 각성

2013년 후진타오의 뒤를 이어 시진핑이 전 세계의 주목을 받으며 등장했습니다. 그는 급성장한 중국의 국력을 바탕으로 중화민족의 위대한 부흥인 '중국몽中國夢' 실현을 대내외적으로 공표했습니다.

2013년 6월 캘리포니아에서 열린 미중 정상회담에서 시진핑이 버락 오바마Barack Obama 전 미국 대통령에게 제시한 신형대국관계新型大國關係는 크게 3가지 내용으로 구성되어 있습니다. '충돌 및 대립하지 않고不冲突 不对抗, 서로 존중하며相互尊重, 협력하여 윈윈하는合作共赢 관계를 만들자는 것'이 바로 그 내용입니다. 어느 한쪽의 주도가 아닌 상호 존중하는 관계, 제로섬Zero Sum 게임이 아닌 윈윈Win-Win하는 관계, 상호 의심하지 않고 신뢰하는 관계, 균형을 잃지 않는 전면적인 발전의 관계, 배타적이고 이기적이지 않은 개방적이고 포용적인 관계를 만들자는 제안입니다.

그러나 중국의 대담한 도약은 미국이 주도하는 세계 질서에 중국의 영향력이 중대하게 증가한다는 것을 의미하기 때문에 이를 받아들이면 안 된다는 강경파의 의견이 큰 주목을 받았습니다. 전쟁 없이 패권국의 지위를 내려놓는 것은 패권국의 상황이 대내외적 요인으로 인해 대립할 능력을 상실했을 때에나 가능하다고 본 것입니다. 미국은 자신들의 독보적인 입지를 유지하기 위해 무엇을 해야 하는지 고민하게 되었습니다.

경제적으로 저성장 국면이 지속되고, 정치적으로도 어려움에 처하게 된 미국에서 'America First'라는 국수주의적 캠페인이 성황리에 진행된 것은 중국의 영향이 큽니다. 중국이 미국의 일자리와 부를 가져가고 있으며, 미국의 가장 큰 적이 될 것이라는 주장이 많은 사람의 호응을 이끌어낸 것입니다.

미국의 45대 대통령이었던 도널드 트럼프Donald Trump는 당시 민주당원이었던 피터 나바로Peter Navarro를 국가무역위원회 위원장으로 임명했습니다. 그의 대표 저서로는 『웅크린 호랑이: 중국은 어떻게 세계를 지배하려 하는가Crouching Tiger: What China's Militarism Means for the World』 등이 있습니다. 그는 대중 강경파로서 폴리페서Polifessor(정치를 뜻하는 'Politics'와 교수를 뜻하는 'Professor'의 합성어)로 분류되곤 했는데, 지난 트럼프 정부를 기점으로 지금은 소속 정당과 관계없이 전략은 일부 차이가 있을지라도 대중 강경 노선을 유지하고 있습니다.

제4차 산업혁명으로 촉발된 반도체 전쟁의 서막

미국의 국제정치학자 조지 모델스키George Modelski 등이 발전시킨 '리더십 장주기 이론Theory of Leadership Long Cycle'에 따르면, 혁신적인 기술혁명이 일어나는 특정 시기에 해당 기술에 기반한 산업을 주도하는 강대국이 그 시대의 지도국이 되어 국제·정치·경제 질서를 주도한다고 합니다. 중국은 다양한 분야에서 이미 미국을 제쳤거나 비슷한 수준에 도달했습니다. 중국은 5G 기반의 통신장비 시장에서 미국을 압도했고, 전기차와 로봇, 드론 등을 포함한 첨단 제조업 분야에서 미국을 앞서나갈 수 있도록 강력한 지원책을 펼치고 있습니다.

2015년 중국이 반도체 굴기를 선언하고 'Made in China 2025'로 알려진 '중국제조 2025'를 발표했을 때 한국이 두려워했던 것은 중국의 계획대로 순조롭게 이루어지는 시나리오였습니다. 중국의 무한 물량 공세는 마치 물건을 담아두면 끝없이 새끼를 쳐 절대 그 내용물이 줄어들지 않는다는 설화상의 단지, '화수분'과 같았습니다. 미국뿐 아니라 한국에도 상당히 위협적이었죠. 만약 중국의 계획대로 마이크론과 샌디스크가 중국 기업에 인수되고, 미국이 화웨이Huawei와 하이실리콘Hi-Silicon에 제재를 가하지 않았다면, 반도체 산업뿐 아니라 국제정치의 구도도 크게 바뀌었을 것입니다.

보다 근본적인 시각에서 반도체 전쟁의 미래를 보자

중국이 '화수분'이라면, 미국은 '돈을 찍어내는 국가'입니다. 기축통화국인 미국은 반도체 산업을 더 이상 시장에만 맡기지 않고, 그 어떤 국가도 할 수 없는 높은 수준의 지원을 통해 최대한 빠르게 글로벌 반도체 공급망의 중심을 미국으로 옮기는 전략을 펼칠 것입니다.

1980년대 후반부터 우리에게 익숙하게 다가온 세계화Globalization와 정반대인 탈세계화De-Globalization 시대가 다가오고 있습니다. 미국이 단기에 구축하려는 반도체 파운드리Foundry 전략만 바라봐서는 장기적인 그림을 그리기 어렵습니다. 미국과 중국의 경쟁은 더욱 치열해질 것이며, 이들 국가들이 미래에 사용하게 될 전쟁 무기는 더 높은 수준의 인공지능AI과 위성통신, 그리고 이를 구현할 수 있는 하드웨어H/W를 실제 생산할 수 있는 첨단 제조업의 경쟁력에서 우열이 가려질 것입니다.

AI를 기반으로 하는 모든 제품이 미국에서 만들어질 수 있다는 관점에서 보면, 미국은 반도체 및 첨단 부품, 그리고 첨단 제조업 기반이 거의 없는 불모지입니다. 그러나 미국의 반도체 설계능력과 정부의 자금지원력은 글로벌 경쟁국들을 압도합니다. 미국이 반도체 및 첨단 제조업에서 자국의 비중을 높이면 중국의 샤오캉小康 정책도 크게 흔들릴 수 있습니다. 그리고 미국은 파운드리 공장 유치가 근본적인 목표가 아니며, 향후 생산성 혁신을 통한 첨단 제조업의 부활까지 강력하게 추진할 것입니다.

제4차 산업혁명은 이제 시작입니다. 인공지능 산업도 이제 각 분야에 조금씩 도입되고 있는 수준입니다. 10년 전과 비교하면 놀라운 수준으로 성장한 것이 맞지만, 10년 뒤에 과거를 돌아보면 까마득하게 미개한 수준으로 느껴질 것입니다.

엄청난 변화는 엄청난 기회를 제공합니다. 이 책을 통해 조금 더 깊이 있게 미국과 중국의 전략, 그리고 유불리有不利 여부를 이해한다면, 정책 결정 및 투자 판단에 도움이 될 것이라 자신합니다.

김영우

차례

PART 5 중국의 2차 반도체 굴기

PART 6 미국의 반도체 제조 굴기

PART 7 남겨진 과제, 생산성

PART 8 반도체 전쟁의 미래

PART9 새로운 시대, 새로운 역할

부록

CHIP WAR

PART 1

탈세계화 시대의 도래

미국의 저명한 미래학자 앨빈 토플러Alvin Toffler가 후기 산업화 사회의 핵심으로 규정한 '제3의 물결The Third Wave' 시대의 핵심은 '정보화 혁명'입니다. 1950년대 후반부터 산업 사회에서 정보 사회로의 새로운 변화가 나타나기 시작했고, 미래 사회에는 탈대량화, 다양화, 지식 기반 생산과 변화의 가속이 있을 것이라고 예측했습니다. 또한 1970년에 출간한 저서 『미래 쇼크Future Shock』를 통해 핵가족화, 유전자 혁명, 통신 혁명, 일회용품의 생활화 등을 예견하기도 했습니다.

1990년에는 『권력이동Powershift』을 세상에 내놓으며 종전의 권력이 정치적·군사적·경제적 권력이었다면, 앞으로는 문화적 힘을 가진 주체가 새로운 권력이 될 것이라고 밝혔습니다. 새로운 권력은 컴퓨터나 정보, 네트워크, 영화, 미디어 등을 토대로 만들어질 수 있다는 것입니다. 그리고 새로운 권력을 갖게 되는 권력자들은 주로 개인주의자, 그리고 컴퓨터로 업무를 처리하고 미디어로 지식을 재창출하는 연금술사가 될 것이라 주장했습니다.

그러나 권력은 그렇게 쉽게 이양될 수 있는 것이 아닙니다. 앨빈 토플러의 주장대로 될 수도 있지만, 국가 간 권력 이동이라는 관점에서 보면 이야기가 달라집니다. 정보, 네트워크, 미디어 산업을 통제할 수 있는 강한 국가가 전 세계를 주도한다면, 나머지 국가들은 그러한 국가에 예속될 수밖에 없기 때문입니다.

세계화와 반도체 산업

'산업의 쌀'이라 불리는 반도체의 중요성은 아무리 강조해도 지나치지 않습니다. 잘 인지하고 있지 못하지만, 우리는 이미 많은 제품에 사용된 반도체에 둘러싸여 있습니다. 1980년대 미국 하버드 비즈니스 스쿨Harvard Business School 시어도어 레빗Theodore Levitt 교수는 '세계화'라는 용어를 대중에 알리는 데 성공했고, 이는 기업들이 경제적인 이윤 극대화를 추구하기 위한 기본적인 전략으로 자리 잡게 되었습니다. 반도체 산업은 비즈니스 측면에서 세계화의 가장 성공적인 사례입니다.

경제 측면에서 세계화는 상품, 서비스, 기술, 자본의 급격한 이동을 통해 전 세계 국가 경제의 경제적 상호의존성이 증가하는 것이고, 비즈니스 측면에서는 국제무역 규제를 최소화하고 관세 및 규제를 줄이는 방식으로 전 세계가 최대 이익을 창출할 수 있는 전략이 만들어지는 것입니다.

지리적 전문화를 기반으로 한 글로벌 반도체 공급망

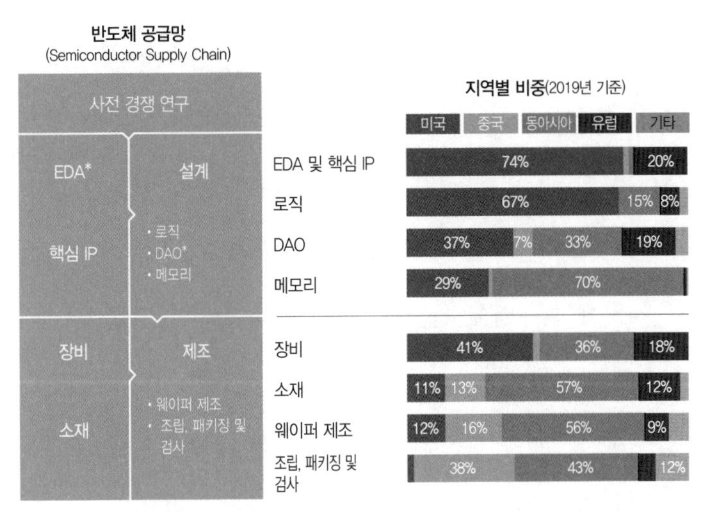

* EDA = Electronic Design Automation(반도체 설계 자동화)

* DAO = Discrete, Analog, Other(디스크리트, 아날로그, 기타 반도체)

자료: BCG

이러한 전략의 기반에는 '생산의 세계화'가 가장 중요한 의미를 차지하고 있습니다. 어느덧 우리는 '다국적 기업'이라는 말에 익숙해져 있습니다. 반도체 산업은 이를 위한 기술집약적, 자본집약적, 노동집약적 부문으로 나뉘어져 글로벌 협업과 분업이 가장 잘 이루어지고 있는 대표적인 산업입니다.

세계화 시대:
중국의 부상

1980년대의 세계화는 '자유민주주의 vs. 공산주의'라는 기본적인 진영 논리에서 크게 벗어나지 않았습니다. 그러나 1989년에 독일의 베를린 장벽이 무너지고, 1991년에 소련Soviet Union이 무너지면서 민주적인 선거를 통해 러시아 대통령이 선출되었습니다. 미국의 정치경제학자 프랜시스 후쿠야마Francis Fukuyama는 자신의 저서 『역사의 종언The End of History and Last Man』을 통해 이데올로기 대결의 역사를 자유주의와 공산주의의 프레임으로 설명하며, '자유주의의 승리로 역사의 진보는 끝났다'라고 주장했습니다.

프랜시스 후쿠야마는 '역사의 종말은 모든 인간이 물질적인 욕구를 만족시켜 나가는 과정에서 전 세계 시장이 하나의 공동 시장이 되고, 민주주의 정치 체제 속에서 살아가게 되는 세계가 되어 평화로우면서도 모든 사람이 물질적인 욕구에 만족하게 되는 세계다. 따라서 거대한 역사적 투쟁은 사라지고 오로지 부분적인 사건들로만 가득 찬 세계, 그렇기 때문에 어쩌면 매우 권태로운 삶이 기다리고 있는 세계다. 이것은 곧 냉전의 종식과 더불어 사실상 영원한 평화의 시대가 도래하게 된 것을 의미한다'라고 강조하며, 역사의 발전을 가져올 만한 투쟁은 더 이상 없을 것이라고 역설했습니다. 이는 냉전의 종식과 함께 나타났던 '팍스 아메리카나'라는 낙관론을 반영한 표현이기도 했습니다. 그리고 세계 경제는 세계화라는 비즈니스의 변화를 통해 발전기를 맞이하게 되었습니다.

1992년 중국은 본격적으로 경제 개방을 단행했고, 낮은 인건비와 높은 생산성을 앞세워 세계의 공장 역할을 하게 되었습니다. 미국을 비롯한 서방 국가에서는 중국 경제가 발전하게 되면 민주주의로 전환될 것이라는 낙관적인 전망이 지배적이었습니다. 1990년대 이후 세계화라는 시대적 조류는 가속화되었고, 기업들은 세계에서 가장 빠르게 성장할 중국에 앞다퉈 생산 기지를 건설했습니다. 결과적으로 현재 제조업 생태계는 진영 논리는 잊은 채, 중국에 대부분의 제조 부문을 의존하는 결과를 초래하게 되었습니다. 1982년 세계 9위였던 중국의 경제 규모GDP는 2010년 일본을 제치고 2위 자리에 올라섰습니다.

탈세계화 시대의 G2: 냉전Cold War

중국은 세계화의 최대 수혜국이 되었습니다. 하지만 비약적인 경제 발전을 이루었음에도 민주화가 되지 않았고, 사회주의 시장경제라는 독자적인 특성을 그대로 유지하고 있습니다. 오히려 시간이 갈수록 당초 예상과 다르게 미국 및 서방 국가들에 강력하게 맞서는 대척점에 서 있죠.

현재 시점에서 우리는 다시 떠오르고 있는 '제2의 냉전The 2nd Cold War'을 주의 깊게 분석해볼 필요가 있습니다. 과거의 진영 논리가 부활한다면, 글로벌 협업과 분업이 가장 잘 이루어지고 있는 반도체 산업에도 커다란 변화가 발생할 수밖에 없기 때문입니다.

지금 세계는 탈세계화로의 전환기를 맞이하고 있습니다. 냉전 시대의 체제 경쟁에서 자주 사용되었던 '자유와 인권'이 국가 관계에서 중요한 키워드로 다시 떠오르고 있고, '국가 간 규제와 제재'라는 중요한 리스크가 부각되고 있습니다.

이러한 변화가 가져오게 될 반도체 산업의 변화와 우리의 대처, 그리고 새롭게 다가올 거대한 기회를 심도 있게 생각해봐야 할 시점입니다.

제조업의 중요성을 일깨워준 코로나19

중국에서 시작된 것으로 알려져 있는 코로나19COVID-19는 글로

2020년 경제성장률 vs. 2021년 경제성장률 전망: 눈에 띄는 중국

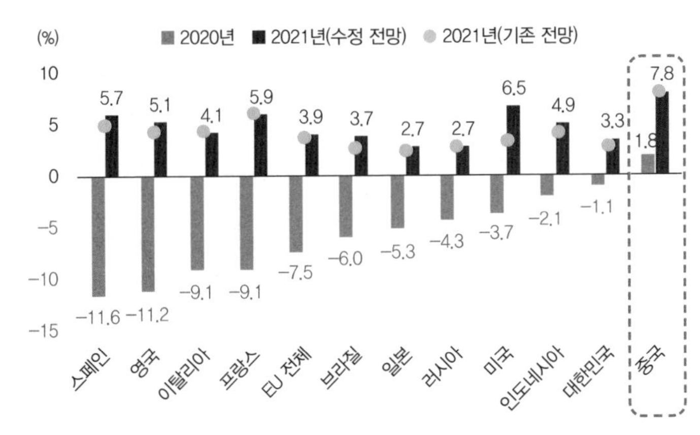

* 기존 전망은 2020년 12월, 수정 전망은 2021년 3월에 발표한 수치

자료: OECD, SK증권

코로나19 초기 방역에 성공한 중국

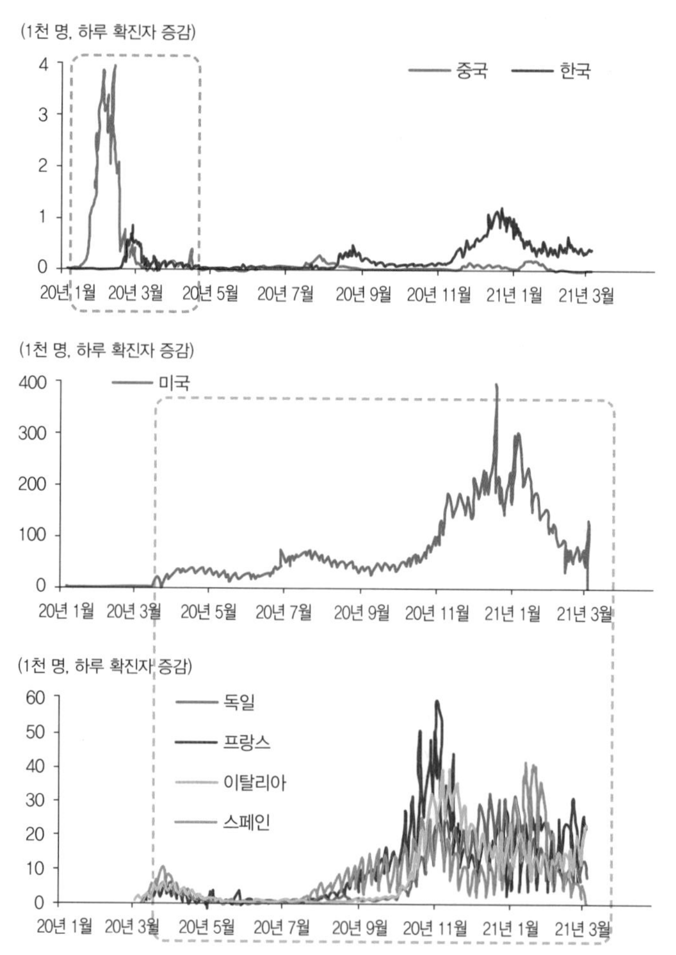

자료: WHO, SK증권

벌 경제에 커다란 충격을 주었습니다. 전염 초기에는 중국이 가장 큰 타격을 입을 것으로 예상되었지만, 중국은 2020년 3월 이후 초기 방역에 성공했고, 빠른 경제 회복으로 차별화된 경제 성과를 과시했습니다. 반면에 글로벌 주요 국가들의 피해는 매우 심각합니다. 특히 GDP에서 관광 및 서비스 산업 비중이 높은 유럽 국가들이 가장 심각한 타격을 입었습니다. 서구 국가들은 코로나19가 발생한 지 1년여가 지난 지금까지도 어려움을 겪고 있습니다.

미래 산업으로의 전환을 가속화시킨 코로나19

코로나19는 미래 산업으로의 전환을 가속화시키기도 했습니다. 테슬라Tesla로 대표되는 전기차, 자율주행, 구독경제로의 변화, 아마존Amazon을 상징하는 플랫폼과 확장성, 애플Apple의 무형자산과 혁신, 줌Zoom이 보여준 비대면 경제의 활성화 등이 바로 그것입니다. 특히 중국이 보여준 성과는 단연 돋보입니다. 중국은 인공지능, 원격의료, 자율주행, 가상현실VR, 드론 등의 분야에서 이미 미국을 제쳤거나 비슷한 수준에 도달했습니다. 또한 첨단 산업 및 부품, 그리고 인공지능 분야에서 미국과 치열하게 경쟁하고 있습니다.

패권을 지키려는 미국과 패권에 도전하는 중국의 경쟁은 과거 역대 2위 국가들의 도전과 그 결이 다릅니다. 1950~1970년대의 소련, 1980~1990년대의 일본과 독일 등은 미국 경제 규모의 70% 수준에 도달했던 것이 최대치였습니다. 그러나 중국은 2010년에 이미 경제 규모 측면에서 2위에 올라섰고, 2020년 기준으로 미국 경제 규모의 73.2%에 도달했습니다.

주식시장을 통해 알 수 있는 세상의 변화

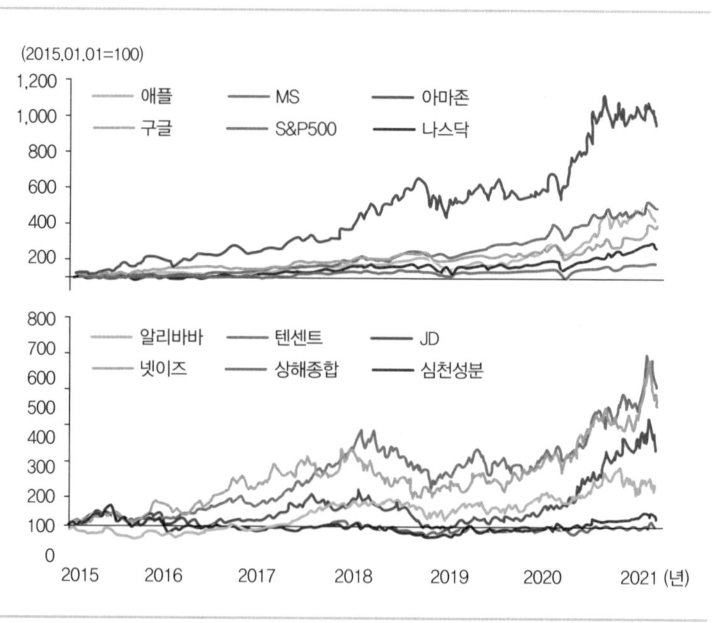

자료: 블룸버그, SK증권

미래 산업 분야에서 중국의 위상 변화

분류	연구 분야	중국 1위 분야 수	미국 1위 분야 수
배터리	리튬 이온 배터리 등 8개	8개	0개
반도체	단원자층	1개	0개
신재료	플렉시블 재료 등 9개	8개	1개
의료 바이오	게놈 편집 등 7개	2개	5개
화학	산화 환원 등 4개	3개	1개
환경	바이오탄	1개	0개

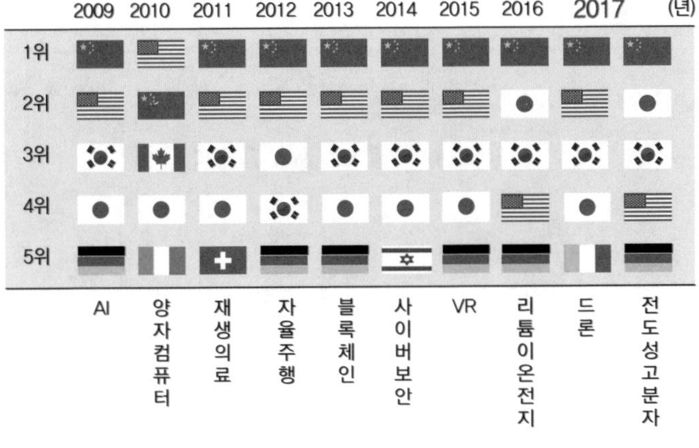

자료: 니혼게이자이신문, SK증권

미국을 추격하고 있는 중국

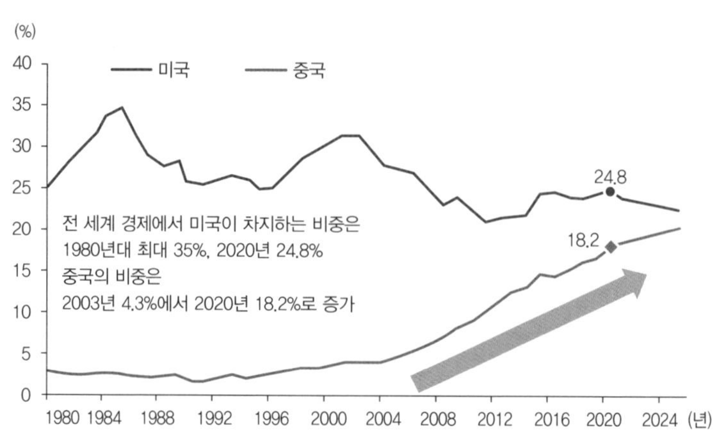

자료: IMF, SK증권

2027년 미국을 넘어서게 될 중국

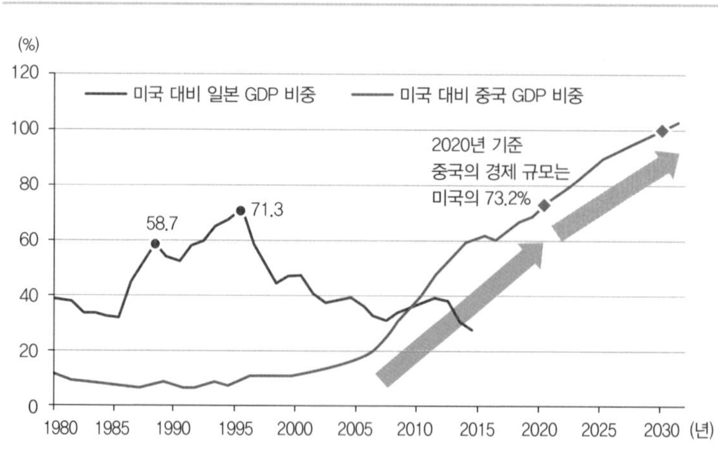

자료: IMF, SK증권

중국은 특정 산업만 강한 것이 아니라 모든 산업에서 두각을 나타내고 있으며, 특히 첨단 산업에서의 리더십도 강화되고 있습니다. 이대로 간다면 중국은 2027년, 늦어도 2030년에는 미국의 경제 규모를 훌쩍 넘어서게 될 전망입니다. 가장 큰 경제 규모를 보유한 중국이 미래 산업에서 패권을 차지하게 된다면, G1 국가가 될 수도 있을 것입니다.

미국과 중국의 산업 주도권 경쟁

그렇다면 미국과 중국은 어떤 영역에서 경쟁하게 될까요? 과거에는 철강, 기계, 자동차, 조선 등 특정 산업으로 한정할 수 있었지만, 앞으로는 미래의 주도 산업을 이끌어나갈 보다 다양한 영역에서 경쟁하게 될 것입니다.

CBDC Central Bank Digital Currency(중앙은행 디지털 화폐)를 비롯한 기축통화 지위를 확보하기 위한 화폐 패권, 국제 질서를 기반으로 하는 무역 패권, 5G·6G 등의 통신 인프라, 우주 산업, 반도체, 그리고 이를 통해 파생될 제4차 산업에 이르는 전 분야에서의 주도권 경쟁은 필연적입니다.

미국 vs. 중국

미국	경쟁 분야	중국
• 기축통화로서 달러의 위상을 더욱 공고히 하기 위한 노력 • 미국 연방준비제도에서 디지털 달러 논의 검토 • 비트코인 등 가상화폐의 ETF 승인 및 확장	기존 화폐와 CBDC	• 위안화 국제화 추진 • 인민은행이 주도적으로 전 세계에서 가장 빠르게 CBDC 연구 • 디지털 위안으로 석유 결제 시장 진출, 앤트 파이낸셜의 성장
• 기존 WTO 체제 이외에 CPTPP* 등 환태평양 무역협정 주도 • 달러 결제 시스템과 연동해 국제 무역 시스템 유지	무역 패권	• 일대일로(一帶一路)를 통한 영향력 확장 • 미국 중심의 TPP*에 대응하는 중국 중심의 RCEP* 결정 주도
• 5G 표준 기술을 둘러싸고 사활을 걸고 있으나 중국에 밀리는 형국 • 6G 선점을 위한 저궤도 위성 발사, 통신 인프라 구축 추진	5G·6G	• 화웨이 등 중국 기업이 5G 표준 특허 1/3 이상 소유 • 20년 가까이 표준 전쟁 진지전 준비(인적·기술적) • 위성 발사를 포함해 6G 이슈 선점을 위한 작업 진행
• 탐사가 목적인 시장에서 여행과 위성 발사를 활용할 산업으로 진화 • 일론 머스크와 제프 베조스의 경쟁 • 저궤도 위성을 통한 인터넷, 통신망 구축, 데이터 확보 등	우주 경쟁	• 국유기업2곳(항천과공그룹, 항천과기그룹)이 우주 활동 주도 • 2014년 이래 민간 우주 개발을 혁신 핵심 분야로 결정 • 제조업의 장점을 활용해 위성과 로켓 대량생산 가능 국가로 평가
• 자율주행, 전기차, 양자컴퓨터 등에서 우위 • 본격적인 반도체 제조 굴기 목표	첨단 산업 및 반도체	• IoT, 드론, 2차 전지, AI, VR 등에서 우위 • 반도체 굴기 도전 후 지지부진

* CPTPP(Comprehensive and Progressive Agreement for Trans-Pacific Partnership, 포괄적·점진적 환태평양경제동반자협정): 아시아·태평양 지역 경제의 통합을 목적으로 만들어진 다자간 자유무역협정

* TPP(Trans-Pacific Partnership, 환태평양경제동반자협정): 아시아·태평양 지역 국가들의 자유무역협정

* RCEP(Regional Comprehensive Economic Partnership, 역내포괄적경제동반자협정): 동남아시아국가연합 10개국과 한·중·일 3개국, 호주·뉴질랜드·인도 등 16개국이 참여한 협정

탈세계화로의 전환: 글로벌 공급망의 확장성 둔화

전 세계를 강타한 코로나19로 인해 2021년은 기저 효과에 의한 글로벌 경제의 고성장이 예상됩니다. 그러나 기저 효과를 제외한 글로벌 경제의 중장기적인 방향은 뉴노멀New Normal(저성장, 저물가, 저금리)로 설명할 수 있습니다. 그리고 여기에 미국과 중국 간 G2 패권 다툼이 가세하며, 세계는 탈세계화 시대에 진입하고 있습니다. 탈세계화란 전 세계 특정 단위(주로 국가, 지역) 간의 상호의존성 및 통합을 감소시키는 과정이며, 결국 자국의 이익을

제2차 세계대전 이후 처음으로 후퇴한 세계화

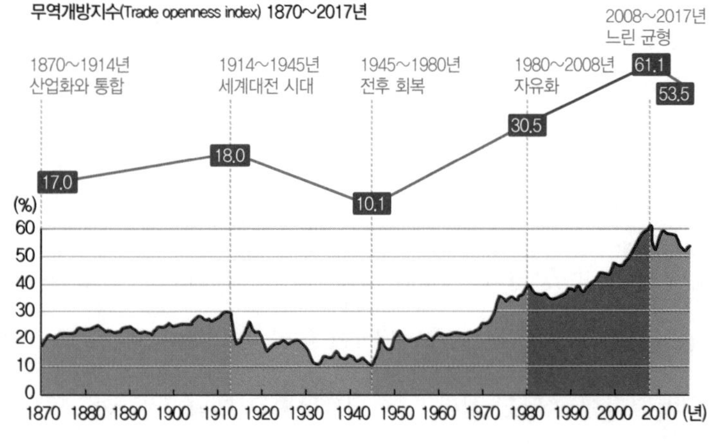

자료: PIIE, SK증권

자유무역(WTO)이 아닌 블록화를 늘리고 있는 세계 각국

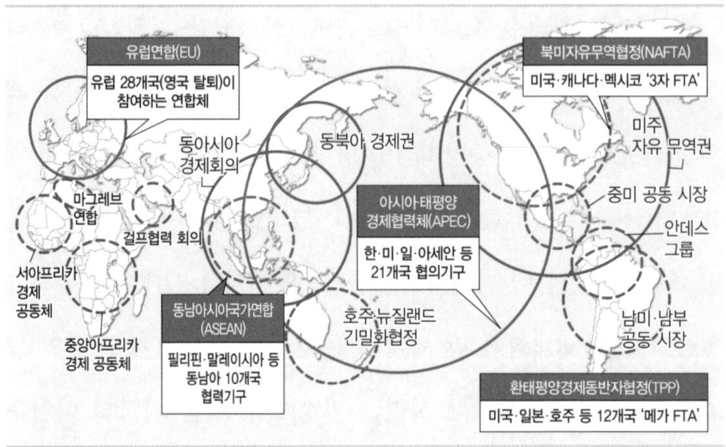

자료: 《국민일보》

극대화시키기 위해 각자도생各自圖生과 블록화Localization(정치나 경제상의 목적으로 국가나 단체 따위의 집합이 형성됨)가 결합된 형태로 진화하고 있습니다.

이는 경제적 관점에서 보면 대단히 비효율적인 의사결정일 수밖에 없으며, 중첩되는 협정 대상 등이 문제가 될 수 있습니다. 그러나 전략적 집단화를 통한 이익이 완전한 개방화에 의한 이익보다 크다는 판단이 선다면, 경제블록화는 배타성을 통해 협상력을 높이는 힘이 될 수 있습니다.

승자독식, Winner takes it all

우리가 간과하지 말아야 할 사실은 제4차 산업혁명이 가져올 주요 산업의 패러다임 변화는 양극화의 가속화를 의미한다는 것입니다. 2008년 모바일 혁명 이후, 2020년대는 새로운 융복합화로 인해 산업의 패러다임이 진화하고 있습니다. 이러한 변화는 대면에서 비대면의 일상화로, 공유경제와 옴니채널Omni-channel(소비자가 온라인, 오프라인, 모바일 등 다양한 경로를 넘나들며 상품을 검색하고 구매할 수 있도록 한 서비스)로의 전환으로, 노동집약적 제조는

새로운 산업 패러다임으로의 전환

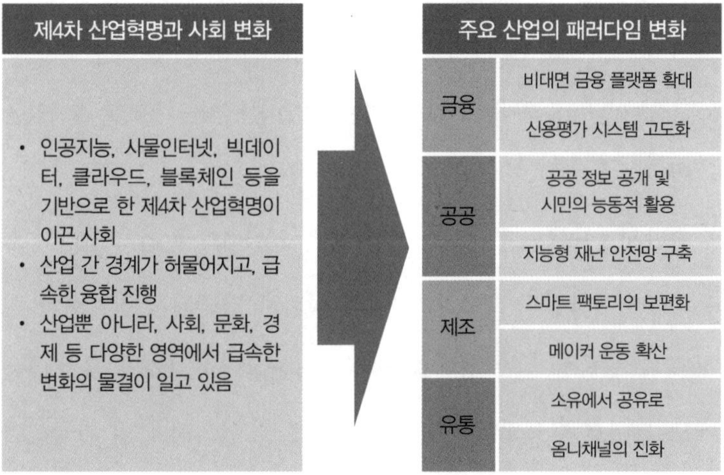

제4차 산업혁명과 사회 변화	주요 산업의 패러다임 변화	
• 인공지능, 사물인터넷, 빅데이터, 클라우드, 블록체인 등을 기반으로 한 제4차 산업혁명이 이끈 사회 • 산업 간 경계가 허물어지고, 급속한 융합 진행 • 산업뿐 아니라, 사회, 문화, 경제 등 다양한 영역에서 급속한 변화의 물결이 일고 있음	금융	비대면 금융 플랫폼 확대
		신용평가 시스템 고도화
	공공	공공 정보 공개 및 시민의 능동적 활용
		지능형 재난 안전망 구축
	제조	스마트 팩토리의 보편화
		메이커 운동 확산
	유통	소유에서 공유로
		옴니채널의 진화

자료: SK증권

20:80의 법칙과 10:90의 법칙: 양극화 심화

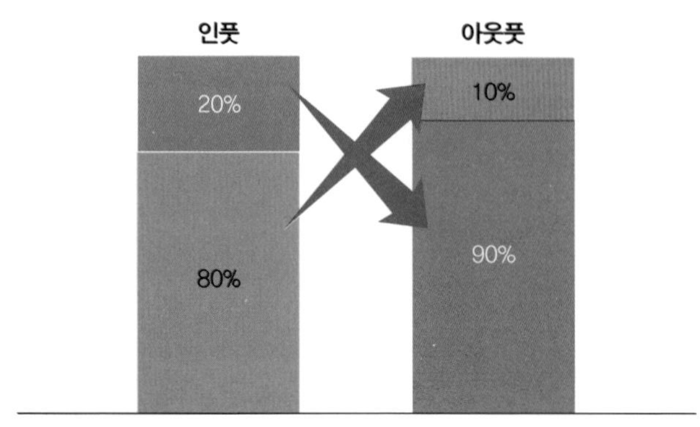

자료: SK증권

스마트 제조를 위한 스마트 팩토리 등으로 뜨겁게 표출되고 있습니다. 그리고 전 세계에서 매우 적은 수의 국가만이 5G, AI, IoT(사물인터넷), 자율주행 등 첨단 산업 성장을 주도할 수 있을 것입니다.

따라서 이러한 변화는 과거와 같은 20:80의 논리가 10:90 혹은 5:95 이상일 정도로, 소수에게 성과가 집중되는 양극화가 심화될 수 있다는 것을 의미합니다. 이러한 특징은 G2의 패권 다툼에도 그대로 적용되어 헤게모니 경쟁으로 이어지게 될 가능성이 큽니다.

2008년 금융위기 이전은 '무역 성장Trade Growth 〉 GDP 성장GDP Growth' 추세로 글로벌 공급망이 확장되는 강력한 세계화 시기였다면, 금융위기 이후에는 'GDP 성장 ≒ 무역 성장'으로 변모했으며, 이제 글로벌 밸류체인GVCs, Global Value Chain은 더 이상 확장이 아닌 위축(정체)의 모습이 나타나고 있습니다. 이는 전체 교역 중 중간재의 비중이 축소되는 현상을 의미합니다.

경제협력개발기구OECD와 세계무역기구WTO는 코로나19 위기가 극복된다 하더라도 'GDP 성장 ≥ 무역 성장'의 트렌드가 유지될 것이라 전망하고 있습니다. G2의 탈세계화와 블록화가 심화되면서 GVCs의 재확장에 대한 기대감은 더욱 낮아지게 될 것입니다.

물론 G2가 각자의 공급망을 구축한다 하더라도, 이것이 급격하게 폐쇄경제로 간다는 의미는 아닙니다. 그러나 부분적인 교류 또는 제한이라는 폐쇄성은 이미 현저하게 보이고 있습니다.

미국 vs. 중국의 불가피한 배타성: 반도체 자력갱생

결론적으로 포스트 코로나와 탈세계화(≒공급망과 교역 등이 위축), 양극화(≒10:90의 사회)의 거대 흐름 속에서 디지털 경제로의 전환(≒비대면), 환경 경제(≒저탄소)라는 메가트렌드를 모두 맞추

글로벌 밸류체인, 2010년대 이후 확장 제한 트렌드

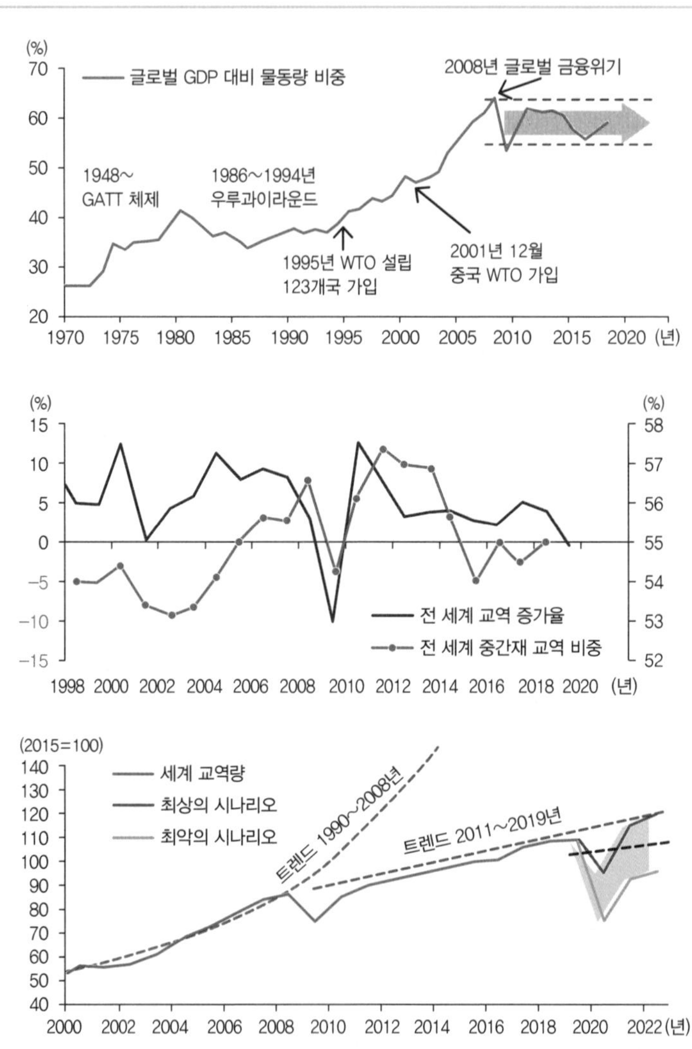

자료: UN Comtrade, 세계은행, WTO, SK증권

포스트 코로나, 공급망 확보를 위한 경쟁 돌입

국가	정책	세부 추진 전략
한국	유턴법 개정 및 시행	• 지원 대상 업종 확대(제조업+정보통신업, 지식서비스업)
	소부장 2.0 전략	• 첨단 소부장 육성을 위한 생산 역량 및 공급망 강화 • 첨단 산업 투자 유치 및 유턴을 통한 세계적 클러스터화
미국	리쇼어링 지원	• 정부 인센티브, 법인세 인하, 송환세 면제, 규제 완화
	핵심·필수 산업 국산화	• 개인 보호 장비, 필수 의약품 리쇼어링 및 국내 소싱 지원 • 반도체 산업 지원 법안 추진 • 탈중국 공급망 강화 ① 중국 반도체 기업에 대한 수출 제한 • 탈중국 공급망 강화 ② 중국을 배제한 공급망 네트워크 강화
일본	국내 공급망 강화 지원	• 생산 거점 높은 제품·부품·소재, 국민 건강에 중요한 제품
	해외 공급망 다변화	• 일본 해외법인이 아세안 국가에 대한 설비 투자 비용 지원

자료: KOTRA(「코로나 공존 시대, 글로벌 공급망 안정화 방안」), SK증권

기 위해서는 GVCs에의 지나친 의존을 피하고, 각자가 공급망을 자국 또는 경제블록 내부에 구축하는 것이 필요합니다. 특히 미래 산업의 핵심인 반도체 제조 등의 분야는 반드시 보유하고 있어야 합니다. 이는 중국은 물론 미국도 마찬가지입니다. 자생적

인 생태계 구축을 통해 각자의 공급망을 확보해 배타적인 상황이 올 때를 대비해야 합니다.

CHIP WAR

PART 2

반도체 산업의 구조와 본질

반도체 산업에 대해 논의하기에 앞서, 반도체 산업을 쉽게 이해하기 위해 기본적인 구조와 용어에 익숙해질 필요가 있습니다. 반도체 산업에 대한 기본적인 구분과 글로벌 분업 구조에 이르는 개요를 알고 나면, 같은 정보를 접하더라도 본질을 더욱 잘 꿰뚫어볼 수 있기 때문입니다.

반도체 산업의 분류

반도체 산업은 크게 메모리 반도체와 시스템 반도체로 나뉩니다. 과거 한국 반도체 산업은 메모리 반도체 위주로 발전되어 메모리 반도체와 비메모리 반도체로 분류한 적도 있습니다. 우리는 디램DRAM과 낸드NAND로 대표되는 메모리 반도체 산업과 관련된 뉴스에는 이미 익숙해져 있습니다. 그러나 이제는 5G로 연결된 인공지능 시대를 맞이하여 시스템 반도체와 파운드리 산업의 폭발적인 성장을 지켜보고

반도체 산업 분류

세상에는 너무나 다양한 반도체가 존재한다. 우리가 잘 알고 있는 디램과 낸드 이외에도 수없이 많은 종류의 시스템 반도체와 이들을 구성하고 있는 반도체 소자들이 있다. 복잡해 보이는 반도체 산업이 어떤 품목으로 어떻게 구성되어 있는지, 그리고 시장의 경쟁 구도 및 성장성은 어떠한지 알아둘 필요가 있다.

있는 상황입니다.

메모리 반도체 vs. 시스템 반도체

반도체 산업은 용도에 따라 메모리 반도체와 시스템 반도체로 구분됩니다. 메모리 반도체는 일시적 또는 영구적으로 정보를 저장하는 용도로 사용되며, 시스템 반도체는 주로 정보를 처리하기 위한 반도체를 의미합니다. 설계부터 최종 완제품 생산까지 자체적으로 수행하는 반도체 기업을 IDM Integrated Device Manufacturer, 즉 종합 반도체 기업이라 부릅니다. IDM은 소품종 대량생산에 적합하여 메모리 반도체 산업에서 흔히 볼 수 있습니다.

메모리 반도체와 시스템 반도체

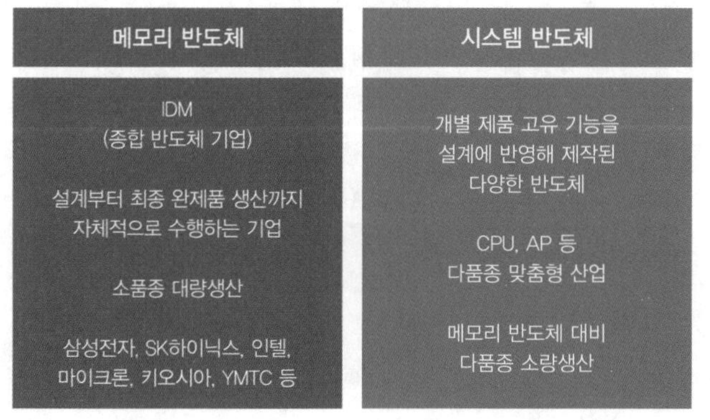

삼성전자, SK하이닉스, 마이크론, 키오시아Kioxia, キオシア(2019년 10월부터 사명이 도시바 메모리에서 키오시아로 변경됨)와 같이 메모리 반도체(디램 및 낸드)를 생산하는 업체들은 제품 설계부터 생산 및 판매에 이르는 전 과정을 독자적으로 수행하는 경우가 많습니다. 물론 생산능력이 부족한 경우에는 전문적으로 생산만 전담하는 기업에 위탁생산을 맡기기도 합니다.

시스템 반도체 업체들은 메모리 반도체 산업과 달리 개별 제품 고유의 기능을 설계에 반영해 다양한 반도체를 제작합니다. 우리

메모리 반도체와 비메모리 반도체의 차이

메모리 반도체		비메모리 반도체
정보 저장	목적	정보 처리
디램, 에스램, 비디오램(VRAM), 롬 등	제품	CPU, ASIC, MDL, 멀티미디어 반도체, 파워 반도체, 개별 소자 등
소품종 대량생산	생산 방식	다품종 소량생산
미세 공정 등 하드웨어 양산능력	기술성	설계 및 소프트웨어 기술력
선행 기술 개발, 자본력, 설비 투자	경쟁력	우수 설계 인력, 설계 기술

에게 익숙한 CPU, GPU, ASIC, AP 등 다양한 품목을 맞춤형으로 설계하고 생산하는 시스템 반도체는 다품종 소량생산이 일반적입니다. 물론 범용汎用, General으로 사용되는 인텔Intel과 AMD의 CPU, 엔비디아NVIDIA의 GPU 등 시스템 반도체는 상당히 큰 규모로 생산됩니다. 그럼에도 불구하고 생산량 측면에서 보면, 여전히 메모리 반도체 대비 소량 제품을 맞춤형으로 세분화해 생산하고 있음을 알 수 있습니다.

메모리 반도체의 중심: 디램과 낸드

메모리 반도체는 주로 작업을 할 때 사용되는 디램과 데이터를 저장하는 스토리지Storage 역할을 수행하는 낸드로 구분됩니다. 원래는 램RAM, Random Access Memory과 롬ROM, Read Only Memory으로 나뉘었는데, 우리가 일반적으로 많이 사용하는 디램뿐 아니라 속도가 더 빠른 에스램SRAM이 램에 속하며, 삼성전자와 SK하이닉스는 디램과 에스램을 모두 생산하고 있습니다.

디램은 단기간에 작업한 내용들을 기억할 수 있고 속도도 빠르지만, 전원이 꺼지면 작업한 내용이 모두 사라집니다. 이를 휘발성 메모리Volatile Memory라 합니다. 그래서 디램만으로는 시스템을 구성하는 데 한계가 있어 전원이 꺼져도 지속적으로 데이터를 저

디램의 시장점유율

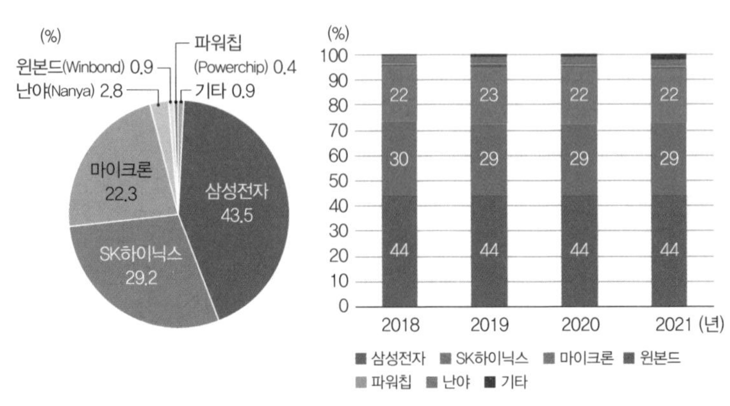

자료: HIS Market, Trendforce

낸드의 시장점유율

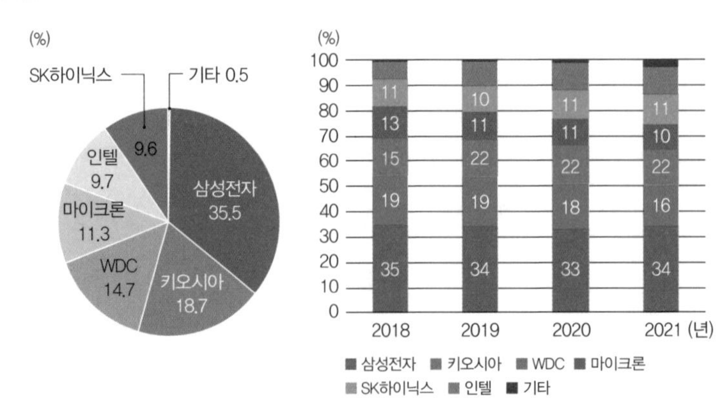

자료: HIS Market, Trendforce

메모리 반도체 시장의 성장 예측

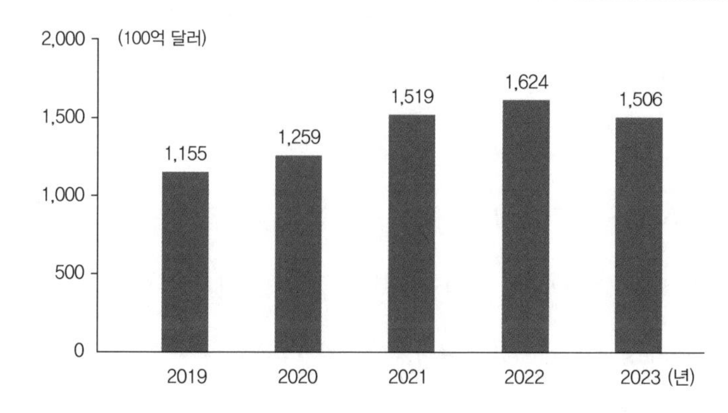

자료: HIS Market, Trendforce

장할 수 있는 반도체가 필요하게 된 것입니다. 원래는 하드디스크HDD라 불리는 장치가 데이터를 저장하는 스토리지 역할을 수행했으나 속도가 너무 느려 낸드플래시 메모리Nand Flash Memory라고 하는 반도체가 각광을 받게 되었습니다. 낸드는 전원이 꺼져도 데이터를 저장할 수 있는 대표적인 비휘발성 메모리non-Volatile Memory입니다.

과점화되어가는 메모리 반도체 산업, 판을 흔들려는 중국

메모리 반도체 산업 가운데 디램 산업은 이미 과점화를 마쳤습니다. 한국의 삼성전자와 SK하이닉스의 점유율은 70% 수준에 달하고 있으며, 미국의 마이크론과 함께 3강 체제를 유지하고 있습니다. 마이크론은 자국 내에서 생산을 하고 있고, 중국과의 기술 격차를 유지하려는 미국 정부의 의지도 매우 강합니다. 그래서 디램과 관련해 제품 개발 및 양산을 추진하는 중국 기업들은 마이크론으로부터의 소송과 미국 정부의 제재로 이어지는 강력한 견제를 당하고 있습니다. 기술적 난이도가 높아 신규 업체들의 진입 장벽도 매우 높습니다.

낸드는 디램과 상황이 많이 다릅니다. 6개 기업이 치열하게 경쟁하고 있고, 중국 정부의 전폭적인 지원을 받고 있는 칭화유니그룹의 계열사 YMTC가 추가로 시장에 진입하려 했습니다. 풍부한 유동성을 바탕으로 중국 정부를 등에 업고 시장에 진입하려는 경쟁자를 보며 한국 반도체의 어두운 미래를 예상하는 사람이 점점 많아졌습니다.

그러나 지금은 낸드 시장에서도 새로운 변화가 일어나고 있습니다. 가장 큰 변화는 5~6위를 달리던 SK하이닉스가 인텔의 낸드 사업 부문을 인수하게 된 것입니다. 두 회사의 합병이 완료되면 SK하이닉스의 낸드 사업부는 글로벌 2위 업체로 거듭나게 됩니다. 아울러 2021년 하반기로 예정된 176단 4D 낸드 양산이 시작되면, 기술적 측면에서도 2위권인 키오시아, WDCWestern Digital Company와 동등한 수준 또는 역전하는 모습을 보여줄 수 있을 것으로 기대됩니다. 과거 낸드 시장을 호령했던 도시바TOSHIBA의 몰락으로, 이를 계승한 일본의 키오시아와 WDC는 낸드 시장에서의 입지가 크게 흔들리고 있습니다. 한편 중국의 YMTC도 칭화유니그룹이 수차례에 걸쳐 재정적 위기를 맞게 되면서 미래가 불투명해진 상황입니다. 물론 중국 정부가 이대로 무너지게 두지는 않겠지만, 미국과 일본, EU 국가의 반도체 장비 기업들과 원활하게 비즈니스를 하지 못하면 풍부한 자금력만으로는 경쟁력을 확보하기 어려울 것으로 전망됩니다.

시스템 반도체 산업의 분업 구조

시스템 반도체는 헤아릴 수 없을 정도로 종류가 다양합니다. 스마트폰에 들어가는 AP와 통신모뎀, PC에 들어가는 CPU, 세탁기와 냉장고에 들어가는 MCU 등 다양한 분야에서 필요로 할 때마다 특성에 맞는 맞춤형 반도체를 만들어 제공합니다. 그래서 알려진 시스템 반도체 제

시스템 반도체

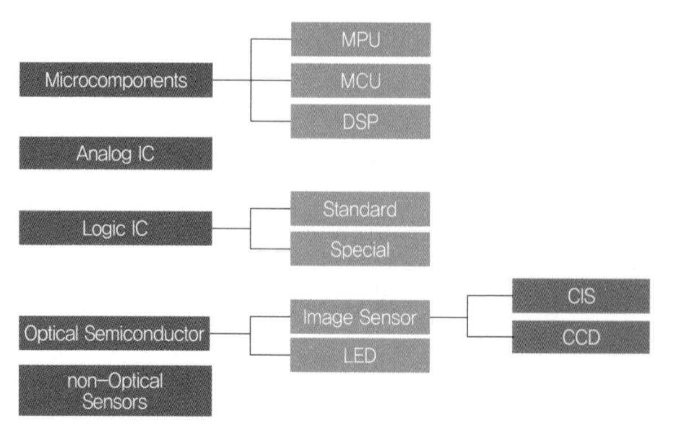

품만 해도 8000여 개에 이릅니다. 우리가 아날로그 IC^Analog IC^, 로직 IC^Logic IC^, 광학 반도체라 부르는 CIS^CMOS Image Sensor^, 조명 시장을 완전히 석권한 LED는 물론 각종 반도체 센서류까지 모두 시스템 반도체에 포함됩니다.

이렇게 다양한 시스템 반도체를 혼자서 일일이 만드는 것은 매우 어렵습니다. 그래서 시스템 반도체 산업은 ① 제조하는 공장 없이 설계만 전담하는 팹리스^Fabless^, ② 설계업체로부터 위탁받아 생산만 전문적으로 해주는 파운드리^Foundry^, ③ 패키징 및 검사를 대행해주는 OSAT^Outsourced Semiconductor Assembly & Test^로 구성된 글로벌 공급망이 완성되어 있으며, 모든 산업 중에서도 가장 높은 수준의 글로벌 분업화가 이루어져 있습니다.

팹리스, 파운드리, OSAT

• 팹리스: 반도체를 직접 생산하지 않고 설계만 전담하는 기업

앞서 IDM은 설계부터 완제품 생산 및 판매까지 자체적으로 수행하는 종합 반도체 기업을 의미한다고 했습니다. 삼성전자, SK하이닉스, 인텔이 대표적인 IDM 기업이라고 했죠.

이와 달리, 자체적으로 반도체를 생산하는 공장 설비 없이 반도체 설계만 전담하는 기업을 팹리스라 부릅니다. 대표적인 기업으로 엔비디아, AMD, 퀄컴QUALCOMM, 화웨이의 반도체 설계 자회사인 하이실리콘을 들 수 있습니다. 애플도 세계 최고 수준의 AP와 CPU를 자체적으로 설계해 사용하고 있는 대표적인 팹리스 기업 중 하나입니다. 애플은 특히 운영체제OS와 반도체 설계를 동시에 잘하는 독보적인 입지를 구축하고 있습니다. 운영체제를 만들거나 클라우드Cloud를 보유한 업체들은 자신들의 특성에 맞는 시스템 반도체를 설계하는 데 매우 유리합니다. 따라서 이미 진출한 구글Google은 물론 아마존, 알리바바Alibaba, 마이크로소프트Microsoft 등의 기업들도 자체 수요를 충족시키기 위한 시스템 반도체 설계 부문에 뛰어들고 있습니다.

- **파운드리: 외부업체가 설계한 반도체 제품을 위탁받아 생산하는 전문 제조업체**

파운드리는 반도체 설계를 전문으로 하는 기업으로부터 제조를 위탁받아 반도체를 생산하는 제조업체를 의미합니다. 원래는 짜인 주형에 맞게 금속 제품을 생산하는 공장을 의미했으나, 1980년대 중반부터 생산 설비는 없지만 뛰어난 반도체 설계 기술을 가진 기업들이 등장하면서 반도체 생산을 전문으로 하는 기업에 대한 수요가 증가했습니다. IDM 기업들은 반도체를 자체적으로 생산하는 데 비해, 파운드리 기업들은 팹리스 기업과의 협

IDM, 팹리스, 파운드리, OSAT

IDM	팹리스	파운드리	OSAT
설계부터 완제품 생산 및 판매까지 자체적으로 수행하는 종합 반도체 기업	반도체 설계만 전담하는 기업	외부업체가 설계한 반도체 제품을 위탁받아 생산하는 전문 제조업체	파운드리가 생산한 반도체칩을 조립해 패키징 및 검사를 수행하는 전문업체

업이 필수적입니다. 만약 파운드리 기업들이 IDM 기업 대비 제조 기술이 떨어진다면 팹리스 기업들이 설계한 반도체의 성능도 떨어질 수밖에 없습니다. 현재는 파운드리 전문 기업인 TSMC의 제조 기술이 IDM 기업인 인텔의 역량을 크게 뛰어넘은 상태입니다. 따라서 인텔의 입지가 크게 축소되고, 팹리스 기업들의 전성시대가 다가오게 된 것입니다.

- **OSAT: 파운드리가 생산한 반도체칩을 조립해 패키징 및 검사를 수행하는 전문업체**

OSAT는 파운드리에서 생산한 반도체칩을 상품화할 수 있도록 패키징을 수행하거나, 제품의 불량 여부를 검사하는 업무를 수행하는 전문업체를 의미합니다. 반도체칩 자체를 만드는 과정을 전공정Front-end이라 하며, OSAT 업체가 수행하는 패키징 및 검사는 후공정Back-end에 해당합니다.

시스템 반도체 산업의 글로벌 협업 구조와 부가가치 창출

시스템 반도체 생산을 위한 일반적인 구조는 '설계→ 위탁생산 → 패키징 및 검사'로 이루어져 있습니다. 팹리스 기업들은 공장이 없으니 제조와 패키징 및 검사를 외부에 위탁해 자신의 제품을 만들어냅니다.

지금은 글로벌 반도체 기업들이 인공지능을 구현하기 위한 반도체를 만들기 위해 사활을 걸고 경쟁하는 시대입니다. 인공지능은 언제나 작동하고 있어야 하는 'Always ON'이 중요합니다. 그래서 성능 못지않게 중요한 것이 바로 소비 전력입니다.

소비 전력을 줄이고, 더욱 고성능의 반도체를 만들려면 극미세화된 최신 공정을 사용해야 합니다. 그래서 인공지능 반도체들은 제품별로 적용이 가능한 최신 공정에서 만들어지는 경우가 일반적입니다. 첨단 기술High-Tech이 적용된 파운드리 공정에서 만들지 못하면 글로벌 시장에서 성공을 거둘 수 없습니다. 공정 기술이 뒤처지거나 최신 공정이 적용된 생산 라인에서 반도체를 만들 기회를 갖지 못하면, 글로벌 시장에서 도태될 수밖에 없습니다. 바로 이 점이 중국의 아킬레스건입니다.

중국은 설계능력에 비해 제조능력이 심각하게 떨어지는, 반도체 산업 구조상의 약점을 가지고 있습니다. 중국이 자랑하는 화웨이의 반도체 설계 자회사 하이실리콘은 삼성전자에 뒤처지지 않는 높은 수준의 반도체 설계능력을 보유하고 있으며, 2020년 상반기에 중국 기업 최초로 글로벌 TOP 10 반도체 기업에 진입

시스템 반도체 산업의 구조

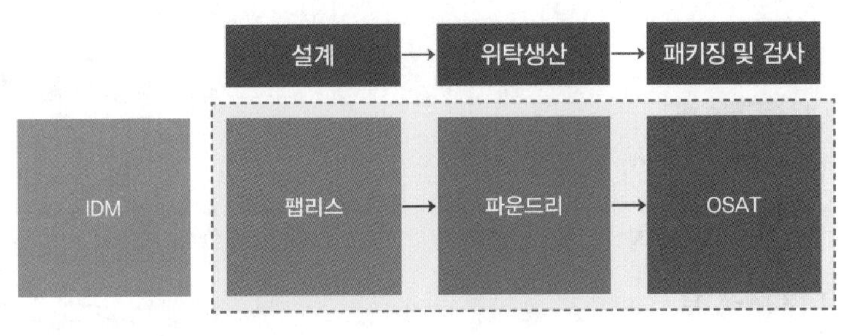

하는 데 성공했습니다. 그러나 중국의 파운드리 기술은 TSMC와 삼성전자 대비 5~6년 이상 낙후되어 있습니다. 게다가 네덜란드의 ASML만이 극미세 공정을 구현하기 위한 EUV^{Extreme Ultra Violet}(극자외선 노광장비)를 전 세계에서 유일하게 만들 수 있는데, 현재 중국에는 공급하지 않고 있습니다.

미국 기술이 들어간 장비를 사용하지 못하면 중국이 자체적으로 개발하면 되지 않느냐고 생각할 수도 있습니다만, 디램, 낸드, 파운드리의 기술 격차보다 훨씬 큰 것이 노광장비 기술의 격차입니다. 중국이 ASML의 현 수준을 따라가려면 최소 10년 이상의 시간이 필요한데, 10년 후 ASML의 기술력은 현재와는 전혀 다른 진보된 수준에 도달해 있을 것입니다. 그리고 EUV 광원은 미국의 샌디에이고에서 만들어져 공급됩니다. 과거 미국 회사였던 사이머Cymer는 2012년에 ASML에 합병되었지만, 여전히 미국 기술로 분류될 수 있는 것이 많기 때문에 중국으로의 EUV 공급은 쉽게 이루어지지 못할 것입니다.

아래 그림은 반도체 산업의 글로벌 공급망에서의 주요 기업들과 부문별 부가가치를 보여줍니다. 반도체 설계 부문(팹리스)에서 중국 기업은 찾아볼 수 없으며, 위탁생산을 하는 파운드리 기업 가운데에도 중간 수준Mid-end의 반도체칩을 생산하는 SMIC만 겨우

반도체 산업의 주요 기업과 부문별 부가가치

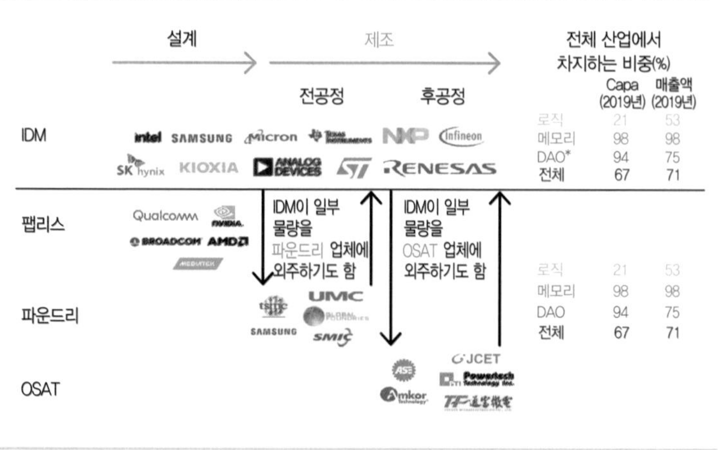

자료: SIA, BCG, SK증권

이름을 올렸습니다. 그나마 패키징 및 검사를 수행하는 후공정은 비교적 많은 설비 투자와 저렴한 인건비가 중요해 중국 기업을 일부 찾아볼 수 있습니다. 그러나 여전히 후공정에서의 핵심은 대만 기업들입니다. 중국은 반도체 산업 내에서 대단히 부가가치가 낮은 포지션에서, 일부 기업만 찾아볼 수 있습니다. 이것이 바로 중국 반도체의 현실입니다.

8인치(200㎜) vs. 12인치(300㎜)

'파운드리 산업의 슈퍼 사이클이 돌아왔다'는 이야기를 들어본 적이 있을 것입니다. 그러나 파운드리 산업이 어떻게 나뉘어져 있는지, 어떤 기업에 투자해야 하는지 잘 알지 못하는 투자자가 많습니다. 심지어 200㎜, 300㎜ 파운드리 산업에 대해 이야기하면, 이 숫자들이 무엇을 뜻하는지 모르는 경우도 많습니다. 여기서 말하는 200㎜ 웨이퍼Wafer(반도체의 재료가 되는 얇은 원판)는 8인치 웨이퍼를, 300㎜ 웨이퍼는 12인치 웨이퍼를 의미합니다.

8인치 웨이퍼를 사용한 파운드리는 기본적으로 오래된 기술을 적용해 위탁생산을 시행합니다. 우리가 7나노(㎚), 5나노 공정이라 부르는 기술들은 모두 12인치 웨이퍼에서 적용되는 최신 기술을 의미하는 것이고, 8인치 웨이퍼에서는 나노 단위 공정이 있

웨이퍼 크기 발달 추이

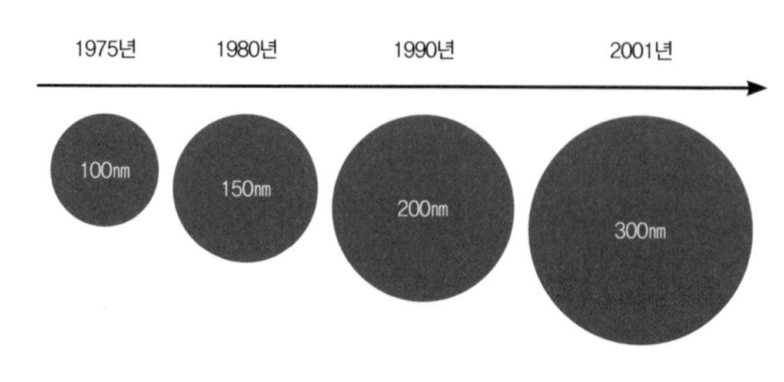

지만 마이크로미터(㎛) 단위 공정도 많이 사용되고 있습니다. 적용되는 기술이 다른 만큼, 가격이 저렴한 반도체를 위탁생산하는 것이 일반적입니다. 하이엔드High-end 반도체를 생산하는 파운드리는 300nm 웨이퍼를 사용하고, 미드 · 로우엔드Mid·Low-end 제품을 생산하는 파운드리는 200nm 웨이퍼를 사용하는 것입니다.

하이엔드 파운드리High-end Foundry는 TSMC와 삼성전자가 공격적인 설비 투자와 어마어마한 규모의 R&D 투자를 하고 있으며, 진입 장벽이 대단히 높습니다. 이에 비해 미드 · 로우엔드 파운드리Mid-to-Low end Foundry는 저가 또는 초저가 반도체 제품들을 찍어내기 때문에 공격적인 설비 투자가 어렵습니다. 감가상각비 부담이 커지면 경쟁사 대비 원가 경쟁력이 떨어지기 때문입니다.

최근에는 초고해상도 CIS 수요가 급증하면서 감가상각을 마친 오래된 디램 팹Fab(반도체 생산 공장)을 CIS 생산 라인으로 전환하는 것이 일반화되고 있습니다. 수율Yield만 좋아진다면 300㎚ 웨이퍼로 CIS를 생산하는 것이 원가 절감에도 훨씬 유리합니다. 200㎚ 웨이퍼를 사용해 CIS를 만드는 파운드리는 향후 경쟁력을 상실할 수 있으며, 다른 제품을 생산하는 용도로 전환될 가능성이 큽니다.

반대로 이야기하면 삼성전자와 SK하이닉스의 오래된 디램 팹

적용 시장별 글로벌 반도체 매출

	모바일폰	가전	PC	ICT인프라	산업	자동	전체
DAO[1]	33%	32%	33%	17%	63%	59%	32%
로직	28%	46%	64%	48%	28%	35%	42%
메모리	39%	22%	18%	36%	10%	6%	26%
% of total	26%	10%	19%	24%	12%	10%	100%

$412B GLOBAL 2019 SALES

자료: SIA, WSTS, Gartner

은 CIS 또는 전기차 등에 수요가 급증하는 파워 반도체를 만드는 공장으로 전환되어 사용될 수 있음을 의미합니다. 삼성전자는 향후 CIS 부문에서 소니SONY를 제치고 1위를 탈환하기 위해 감가상각을 마친 디램 팹을 사용할 것으로 전망되고, SK하이닉스는 CIS 이외에 SK실트론, SK텔레콤 등과 손잡고 파워 반도체 등 새로운 영역을 확대하는 데 디램 팹을 사용할 것으로 기대됩니다.

CHIP WAR

PART 3
중국의 대미
선전 포고,
Made in China
2025

중화인민공화국의 역대 경제 정책

미국과 중국의 무역전쟁은 곧 기술전쟁이자 패권전쟁입니다. 중국의 경제 정책을 깊이 있게 이해하기 위해서는 중국의 마오쩌둥毛澤東부터 시진핑까지 어떠한 경제 정책을 견지해왔는지 알아볼 필요가 있습니다. 중국 공산주의의 아버지이자 정신적 지도자로 남아 있는 마오쩌둥은 철저한 사회주의 경제 체제로 국가를 경영했습니다. 마오쩌둥이 제시했던 국가 발전의 키워드는 크게 '대약진운동'과 '문화대혁명'으로 요약됩니다.

대약진운동은 미국, 소련, 영국, 프랑스를 따라잡기 위해 세운 경제 성장 계획입니다. 공산당 간부들이 마오쩌둥의 정책이 지나치게 '급진적'이라고 우려하자, 마오쩌둥이 "그럼 더욱 약진하라"

라고 답한 데서 유래했습니다. 당시 영국의 철강 생산량이 연간 2000만 톤 수준임을 감안할 때 15년 후에는 연간 3000만 톤 수준까지 증가할 것이라 예상한 마오쩌둥은 15년 후 중국의 철강 생산량을 4000만 톤까지 늘리라고 지시했습니다.

그러나 현실을 무시한 제1차(1953~1957년), 제2차 5개년 계획(1958~1962년)은 결국 실패로 돌아갔습니다. 이는 소련이 짧은 기간에 후진농업국에서 선진공업국으로 변신한 것을 벤치마킹하고자 했던 것입니다. 이후 마오쩌둥은 '7년 안에 영국을 초월하고, 15년 안에 미국을 따라잡는다'는 '七年超英, 十五年赶美(7년초영, 15년간미)'를 제시하기도 했지만, 농업과 공업 부문 모두에서 크게 실패했고, 결국 문화대혁명으로 알려진 공포정치로 이어지게 되었습니다.

중국 경제는 제5차 5개년 계획(1976~1980년)으로 변화하기 시작했습니다. 마오쩌둥의 사망과 문화대혁명 종료 후 개체된 1978년 제11기 중앙위원회 제3차 전체회의에서 덩샤오핑鄧小平이 실용주의를 근본으로 한 개혁개방 정책을 주창하며 미국과의 국교를 수립하게 되었습니다. 덩샤오핑의 정책은 '검은 고양이든 흰 고양이든 쥐만 잘 잡으면 된다'라는 의미인 '흑묘백묘론黑猫白描論'으로 대표됩니다.

여기에서 등장한 것이 ① 실험적 경제특구를 지정하고, ② 14개의 연안 도시를 개방하고, ③ 연안 경제 개방구를 지정한다는 개방 정책입니다. 중국은 경제특구에서는 외자에 대한 우대 정책을 실시하고, 경제 운용에 있어 시장경제 요소를 도입했습니다. 실험적 경제특구가 기대 이상의 효과를 달성하자 중국은 천진과 상해 등 연안 지역의 거점 도시를 추가로 개방했고, 이후 여러 지역을 경제 개방구로 추가 지정하여 개방했습니다. 그러나 덩사오핑이 추진한 경제가 자본주의 시장경제를 의미하는 것은 아닙니다. 기존의 계획경제와 시장경제를 혼합한 독자적인 사회주의 경제체제라 할 수 있습니다.

덩샤오핑이 이룩한 또 하나의 업적은 홍콩 반환을 평화적으로 이루어낸 것입니다. 1842년 아편전쟁의 소용돌이 속에서 불평등한 조약으로 청나라가 빼앗긴 홍콩은 1997년까지 영국이 통치권을 행사했습니다. 1842년으로부터 150년의 시간이 지나고, 홍콩을 반환해야 할 시점이 가까워졌을 때, 영국은 홍콩에 투자했던 자본을 피신시켜야 할 상황에 놓이게 되었습니다. 그때 덩샤오핑이 제시한 해법이 '하나의 국가, 두 개의 제도'라는 의미로 잘 알려진 '일국양제一國兩制'입니다. '중국은 반드시 홍콩을 돌려받을 것이나, 홍콩은 기존의 자본주의를 유지할 수 있을 것'이라는 메시지를 보냈던 것이고, 이후 현재까지 홍콩에서의 자본 이탈은 발생하지 않았습니다.

일국양제는 홍콩뿐 아니라 대만을 겨냥한 유화책이기도 했습니다. 그리고 등장한 덩샤오핑의 이론이 바로 3단계 발전론인 '삼보주三步走' 전략입니다. 삼보주는 '경제 대국으로 가는 목표를 향한 세 발걸음'이라는 뜻인데, 덩샤오핑은 자신의 사후 100년을 내다보고, 앞으로 정책을 계획할 때 절대 흔들리지 말라는 유지를 남기기도 했습니다.

제1보인 원바오温饱는 '기본적인 의식주 문제를 해결하자'는 것으로, 1979년부터 1999년까지 개인 소득 800~900달러, 국가 GDP 1조 달러를 달성하자는 내용입니다. 제2보인 샤오캉은 '인민들의 생활 수준을 중산층 이상으로 끌어올리는 중진국을 건설하자'는 것으로, 2021년까지 개인 소득 4000달러, 국가 GDP 5조 달러를 달성하자는 내용입니다. 마지막 제3보인 다퉁大同은 '2049년까지 모두 평등하게 잘사는 대동사회를 구현한 인민의 낙원을 건설하자'는 것입니다. 그리고 여기에는 '두 개의 백 년百年'이 숨어 있습니다. 첫 번째 100년은 중국공산당 설립 100주년인 2021년까지 제2보인 샤오캉 사회를 완성하자는 것이고, 두 번째 100년은 중화인민공화국 설립 100주년인 2049년까지 제3보인 다퉁 사회를 건설하자는 것입니다.

그렇게 개혁개방으로 인해 변해버린 중국의 경제 발전 정책은 삼개대표三個代表 이론을 주창한 장쩌민江澤民과 '과학적 발전관'

마오쩌둥부터 시진핑까지 중국 역대 정권의 경제 정책

구분	정책 키워드	개발 프로젝트	비고
1세대 마오쩌둥 (1949~1976년)	군중 동원, 자력갱생, 모험주의식 발전		건국, 냉전
2세대 덩샤오핑 (1978~1992년)	생산력 발전에 매진, 불균형 성장, 적극적 대외개방	선전, 주하이, 샤먼, 하이난 경제특구	개혁개방, 냉전
3세대 장쩌민 (1992~2002년)	민영기업 발전 지원, 사유재산 인정, 성장주의 지속 추진	서부대개발, 푸동 신구	세계화
4세대 후진타오 (2003~2012년)	빈부격차 해소, 균형 발전, 민영자본가 흡수, 지속가능한 발전	톈진 빈하이 신구, 동북 3성 진흥, 중부 굴기	양적 성장
5세대 시진핑 (2013~현재)	전면적 개혁 심화, 의법치국, 내수 진작, 균형 발전, 뉴노멀, 신창타이	일대일로, 징진지, 창장 경제벨트	질적 성장 → 2021년 중국몽 실현을 위한 샤오캉 사회 완성

과 '조화로운 사회 건설'을 국가 정책 기조로 설정한 후진타오胡錦濤로 이어졌습니다. 여기까진 그렇게 큰 변화가 없었지만, 시진핑의 등장과 함께 '두 개의 백 년'은 더욱 강한 정치적 그림과 연결되었습니다. 그것이 바로 '중국몽'입니다.

시진핑이 마주한 2012년의 중국

현재 중국을 지배하고 있는 절대 권력자 시진핑의 집권 1기는 2013년 3월부터 2022년 2월까지입니다. 시진핑이 주석으로 확정된 2012년 중국 경제 상황을 살펴보면, 주요 수입 품목 1위는 원유 및 가스(12.1%), 2위는 반도체(10.6%), 4위는 LCD(3.1%)였습니다(2013년부터 주요 수입 품목 1위는 반도체). 중국의 초기 경제 정책은 경제특구를 만들고, 첨단 부품을 수입해 값싼 노동력을 기반으로 가공 및 수출하는 전형적인 노동집약형 산업 구조를 가지고 있었기 때문에 이를 위한 원재료 및 부품 수입 비중이 절대적으로 높을 수밖에 없었습니다. 따라서 중국은 해안 지역 위주로 공업 단지가 발달했으며, 계층 간 격차 및 지역 간 격차 문제가 확대되었습니다.

중국의 13차 5개년 계획(2016~2020년) 주요 목표

목표	중·고속 성장 유지 (2020년까지 GDP와 1인당 국민소득 2010년 대비 2배 증가), 국민 생활 수준과 삶의 제고, 국민 소양과 문화 수준 제고, 국가 통치 및 통치능력 현대화
5대 발전 이념	혁신, 협조, 개방, 공유, 녹색
과학 기술 혁신	첨단 분야 혁신, 혁신적 조직 시스템 최적화, 기초 혁신 역량 제고
대중창업 민중창신(혁신)	창업 혁신, 공공 서비스 플랫폼 건설, 대중 창업, 포용, 지원, 구축 분야 혁신 추진
혁신 장려 시스템 구축	과학 기술 관리 시스템 심화, 성과 전환 및 수익 배분 기제 완비, 혁신 지원 정책 시스템 구축
인재 우선 발전 전략	대규모 인재풀 형성, 인력 배치 최적화 추진, 우수 인재 발전 환경 조성
새로운 성장 동력 창출	소비 업그레이드 촉진, 투자 효율성 제고, 수출의 새로운 우위 제고

자료: SK증권

따라서 시진핑에게 주어진 과제는 ① 중국 경제의 지속적인 성장성 확보, ② 격차 해소를 통한 불균형 문제 해결, ③ 에너지 문제 해결이었습니다. 이를 위해 중국 경제의 지속적인 성장성 확보를 위한 첨단 부품 산업 육성과 지역 간 불균형 해소를 위한 첨단 산업 단지 조성이 시급했습니다. 그리고 유사시 에너지 수송 문제를 해결하기 위해 군사력 강화를 통한 남중국해 점유권 확보와 일대일로를 통한 글로벌 영향력 확대라는 거시적인 대내외 정

중국 1인당 GDP 추이

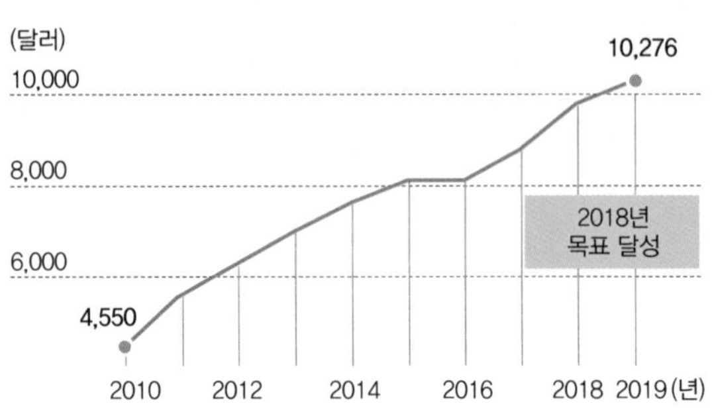

자료: MBC

책을 추진해야 했습니다.

중국이 선택한 지역 개발 방식을 이해하기 위해 징진지京津冀 프로젝트에 대해 알아보겠습니다. 이는 베이징(지식형)과 톈진(가공형), 허베이성(자원형)을 묶는 메가시티Mega city 프로젝트로, 베이징과 톈진의 성장 동력을 인근 지역으로 확산시켜 낙후된 허베이성을 끌어올리는 지역 균형 발전 전략 중 하나입니다.

징진지로 대표되는 거대 광역 도시권은 홍콩, 마카오, 선전 등을 묶는 '웨강아오다완취 발전 계획'과 상하이, 장쑤성, 안후이성 등을 묶는 '창장삼각주 일체화 계획'과 함께 중국의 3대 국가급

도시 간 시너지를 유도하는 도시 계획

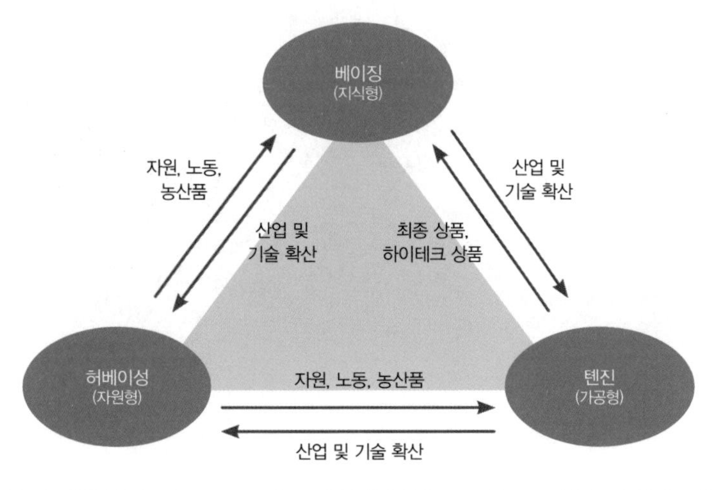

자료: SK증권

지역 경제 통합 사업으로 추진되었습니다. 여기에서 우리가 주목해야 할 것은 슝안신구雄安新區 육성 사업입니다. 이는 개혁개방을 가져온 덩샤오핑의 선전深圳특구, 상하이를 금융 중심으로 탈바꿈시킨 장쩌민의 푸둥浦東신구에 이어 시진핑 시대를 상징하는 대공사로, 징진지 지역이 조화롭게 발전하는 허브로 기능하려는 목적을 가지고 있습니다. 그리고 금융 산업의 발전으로 획득된 자본은 첨단 산업 발전을 위한 재원으로 활용되고 있습니다.

시진핑의 3대 프로젝트: 일대일로, 징진지, 창장경제벨트

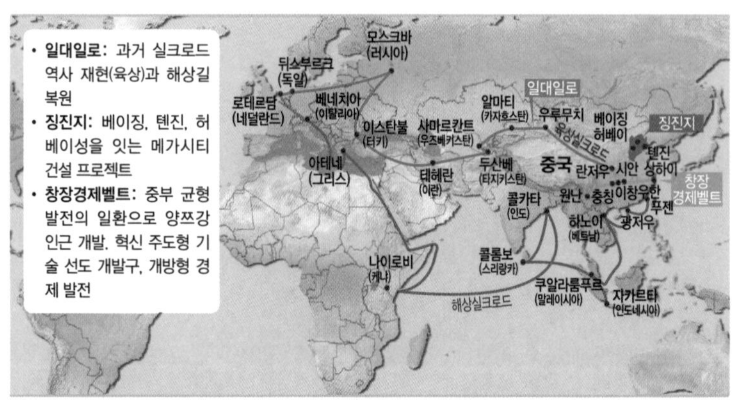

징진지=베이징+톈진+허베이성

자료: SK증권

마지막으로 남은 프로젝트는 바로 창장경제벨트長江經濟帶입니다. 이는 균형 발전의 일환으로, 중부 굴기의 연장선이라 할 수 있습니다. 시진핑 정권이 들어서면서 동부 연안 상하이와 서부 내륙 쓰촨성 등을 통합 개발해 지역 간 불균형을 해소하자는 취지로 강력하게 추진한 프로젝트입니다. 이 프로젝트는 베이징, 상해, 광동 등 주요 지역 중심의 차별적 성장이 이루어져왔던 것에서 지역 간 격차 해소 등을 목표로 하고 있으며, 수로 운송 기능 강화, 종합 교통망 구축, 역내 통관 일체화, 대외 개방 창구 역할 등을 목적으로 하고 있습니다.

중국 GDP에서 차지하는 지역별 비중

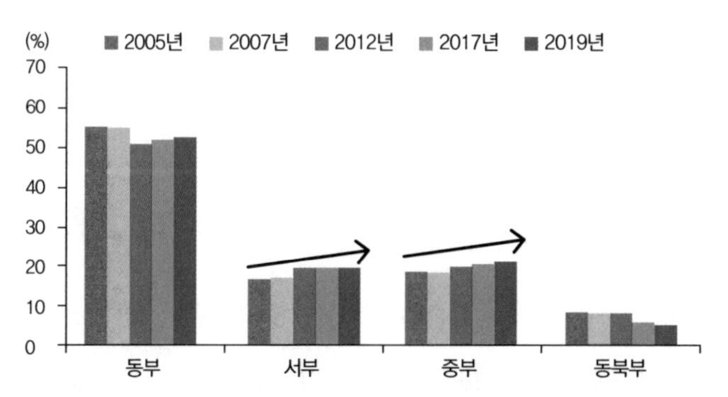

자료: SK증권

중부 지역 굴기 촉진에 관한 13.5 규획(2016~2020년) 주요 목표

분류	발전 목표	세부 항목	2020년 목표치
경제 발전	종속 경제 성장 유지, 질적 성장 우선	상주 인구 도시화율	58%
		호적 인구 도시화율	43%
산업 체계	산업 구조 고도화, 혁신 역량 강화	서비스업 증가치 비중	47%
		과학 기술 기여율	60%
현대 농업 발전	농산품 공급의 질적 제고, 생산 효율 제고, 농촌 산업의 융합 발전	식량 생산 전국 비중	30%
생태 환경 개선	자연환경 보존, 오염물 배출량 감소	습지 면적	520만 헥타르
		삼림률	38% 이상
		경작지 면적	3.77억만 묘
		GDP 1만 위안당 에너지 소모 감소	15% 이상
		GDP 1만 위안당 이산화탄소 배출량 감소	18% 이상
주민 생활 개선	도농 주민 소득 증가, 사회 보장 및 공공 서비스 수준 제고, 빈곤 문제 해결	-	-

자료: 《促进中部地区崛起十三五规划》, KIEP, SK증권

여기서 주목할 것은 이 프로젝트의 목적이 중부 지역 제조업의 기반을 다지기 위한 산업 육성이라는 점입니다. 지난 5년 단위의 지역 경제 비중은 제조업(자동차와 첨단 산업 등)을 앞세운 중부 지역이 점진적으로 확대되었으며, 자원 개발 중심의 동북부는 그 비중이 지속적으로 감소했습니다.

시진핑의 중국몽과 두 개의 백 년

1978년 덩샤오핑이 개혁개방을 선언한 지 40여 년이 흘렀습니다. 2018년까지 중국은 연평균 9.5% 내외의 눈부신 속도로 성장했고, 국가 GDP는 세계 2위, 무역 규모로는 세계 1위의 경제 대국으로 부상했습니다. 2013년 시진핑은 국가주석에 취임하며 중화민족 문화 부흥을 표방하는 중국몽을 제창했습니다. 또한 중국공산당 설립 100주년인 2021년까지 전면적인 샤오캉 사회를, 중화인민공화국 설립 100주년인 2049년까지 사회주의 현대화 국가를 건설하겠다는 구체적 목표도 설정했습니다. 이는 덩샤오핑이 제시했던 3단계 발전론인 삼보주 전략을 본인이 달성하겠다는 의지를 천명한 것으로 해석할 수 있습니다.

앞서 살펴보았듯 덩샤오핑의 삼보주 전략의 제2보인 샤오캉은 2021년까지 인민들의 생활 수준을 중산층 이상으로 끌어올리는 중진국을 건설하자는 것이고, 제3보인 다퉁은 2049년까지 모두 평등하게 잘사는 대동사회를 구현하자는 것입니다. 중국 정부의 청사진은 중국인들이 오랫동안 잊고 있었던 꿈을 되살리는 거대한 프로젝트인 것입니다.

2019년 시진핑은 신중국 건국 70주년 기념일(10월 1일)을 앞두고 베이징 교외의 샹산香山에 있는 혁명기념지를 찾아 중국의 부흥을 강조했습니다. 그는 마오쩌둥 등 혁명가들의 업적을 열거하며 이렇게 말했습니다.

"당과 국가 전체가 일치단결해 초심을 잊지 말고 사명을 마음 깊이 새겨야 한다."

여기서도 등장한 것이 바로 '두 개의 백 년'입니다. 시진핑은 중국만이 가지고 있는 새로운 사회주의의 길을 따라 신중국을 굳건히 발전시키고, '두 개의 백 년' 목표와 중화민족의 위대한 부흥인 중국몽을 실현하기 위해 분투해야 한다고 다시 한 번 강조했습니다.

시진핑이 외치고 있는 중국몽과 덩샤오핑이 제시했던 삼보주 전략은 비슷해 보이지만, 중요한 차이점이 있습니다. 그것은 바로 중국몽은 군사적 굴기를 더욱 강조하고 있다는 점입니다.

시진핑의 중국몽은 2021년 샤오캉 사회 건설, 2035년 사회주의 현대화 실현, 2050년 사회주의 현대화 강국 완성을 이루겠다는 단계적 실천 전략으로 구분됩니다. 그런데 최종 단계인 사회주의 현대화 강국 완성을 이루기 위해서는 "2035년까지 국방과 군대의 현대화를 달성하고, 21세기 중엽까지 세계 일류 군대를 건설해야 한다"라고 밝히며, '중국 굴기의 기반은 군사 굴기이며, 군사 굴기를 통해 중국이 세계를 이끄는 중심 국가로 등장하겠다'는 의지를 보여주고 있습니다. 따라서 중국몽은 군의 전면적인 구조개혁을 통해 해군과 공군, 그리고 전략 무기 체계를 강화해 세계 패권을 차지하겠다는 의도로 해석할 수 있습니다.

중국제조 2025에 드러난 중국의 미래 전략

2015년 중국의 국유기업 칭화유니그룹이 미국의 메모리 반도체 업체 마이크론을 인수하겠다고 나서 세계의 주목을 받았습니다. 칭화유니그룹은 칭화홀딩스清華控股의 자회사로, 1988년 중국의 명문대인 칭화대학교가 설립했습니다. 칭화대학교는 시진핑을 비롯해 다수의 중국 지도층을 배출한 대학으로 유명합니다.

칭화유니그룹은 2013년과 2014년에 중국의 반도체 설계 기업인 스프레드트럼spreadtrum과 RDA마이크로일렉트로닉스RDA Microelectronics를 인수했고, 2015년에 중국 국가반도체투자기금國家集成電路産業投資基金, 국가개발은행國家開發銀行과 300억 위안(5조 5200억 원)

규모의 전략적 자금 지원에 관한 협의를 체결했습니다.

칭화유니그룹은 마이크론에 인수를 제안하기 이전에도 인텔로부터 15억 달러를 투자받으며 칭화유니그룹의 지분 20%를 제공하기도 했고, 휴렛패커드Hewlett Packard의 자회사 H3C 테크놀로지H3C Technologies Co의 지분 51%를 인수하기도 했습니다. 그야말로 중국 정부의 적극적인 후원하에 중국의 반도체 굴기가 시작된 것입니다.

그리고 2015년 5월 중국 국무원이 발표한 산업 고도화 전략이 바로 그 유명한 '중국제조 2025'입니다. 'Made in China 2025'로

칭화유니그룹 2015년 반도체 투자 일지

7월
• 230억 달러를 투입하여 미국의 메모리 반도체 업체 마이크론을 인수하려 했으나 실패
10월
• 미국 스토리지 업체 웨스턴디지털 지분 15% 매입(37억 8000만 달러 투입) • 웨스턴디지털 세계 4위 낸드플래시 메모리 업체 샌디스크 우회 인수(190억 달러 투입)
11월
• 대만 반도체 회사 파워텍 테크놀로지 지분 25% 확보(6억 달러 투입) • 계열사 둥팡궈신전자 14조 규모 유상증자, 신공장·인수합병 자금 마련

알려진 이 전략은 13차 5개년 계획(2016~2020년)과 14차 5개년 계획(2021~2025년)의 기본이며, 중국의 산업 고도화를 추진하는 핵심 전략입니다. 비록 2019년 10월 미국과 중국의 무역 협상 과정에서 폐기를 선언했지만, 여전히 중국 산업 정책의 근간이며, 최우선으로 투자해야 할 핵심 과제로 남아 있습니다.

'중국제조 2025' 1단계는 2015~2025년으로 미국, 독일, 일본, 영국, 프랑스, 한국 등과 같은 글로벌 제조강국 반열에 진입하며 양적·질적 개선을 도모한다는 것입니다. 2단계는 2026~2035년으로 글로벌 제조강국 내 중간 수준 입지를 구축하며, 혁신을 통한 경쟁 우위 산업에서 글로벌 시장을 견인하는 경쟁력을 보유한다는 것입니다. 마지막 3단계는 2036~2045년으로 선진적인 경쟁력을 갖춰 글로벌 시장을 선도하는 위치로 도약한다는 것입니다.

이러한 중국의 전략은 독일의 인더스트리 4.0Industry 4.0, 일본의 재흥 전략, 미국의 국가혁신 전략과 일치합니다. 중국제조 2025 10대 산업 발전 계획은 ① 신에너지 자동차, ② 첨단 선박 장비, ③ 신재생에너지 장비, ④ 산업용 로봇, ⑤ 첨단 의료기기, ⑥ 농업 기계 및 장비, ⑦ 반도체칩(차세대 정보 기술), ⑧ 항공우주 장비, ⑨ 선진궤도 교통설비, ⑩ 신소재로, 주요 부문을 망라하

중국제조 2025 10대 산업 발전 계획

1	신에너지 자동차	전기자동차, 연료전지차 및 배터리 부품 개발
2	첨단 선박 장비	심해 탐사, 해저 정거장, 크루즈선 개발
3	신재생에너지 장비	신재생에너지 설비 등 개발
4	산업용 로봇	고정밀·고속·고효율 수치 제어 기계 개발, 산업용 헬스케어·교육·오락용 로봇 개발
5	첨단 의료기기	원격 진료 시스템 등 장비 개발
6	농업 기계 및 장비	대형 트렉터와 수확기 등 개발
7	반도체칩 (차세대 정보 기술)	반도체 핵심 칩 국산화, 첨단 메모리 개발, 5G 기술 개발, 사물인터넷·빅데이터 처리 애플리케이션 개발
8	항공우주장비	무인기, 첨단 터보엔진, 차세대 로켓, 중형 우주발사체 등 개발
9	선진궤도 교통설비	초고속 대용량 궤도 교통설비 구축
10	신소재	나노 그래핀 초전도체 등 첨단 복합소재 개발

자료: 중국 국무원, SK증권

◀ 중국제조 2025 설계자 류바이청 칭화대 교수. 그는 "중국은 앞으로 질적 성장을 추구하기 위해 핵심 기술 확보, 제조 공정 혁신 등을 추진할 것이다"라고 말했다.

고 있습니다.

이 중 우리가 주목해야 할 것은 중국의 내륙 지역 개발입니다. 후베이성(우한)은 전략적인 신산업 육성 계획을 시행 중이며, 그 중심에는 반도체가 있습니다.

중국 정부의 13차 5개년 계획(2016~2020년)에 따르면 차세대 정보 기술 산업을 포함한 신산업을 육성하겠다는 정책을 펼치고 있는데, 후베이성 인근에 해당 산업을 영위하는 기업이 다수 배치되어 있습니다. 2020년에 발생한 코로나19와 홍수는 이들 지역에도 커다란 타격을 주었습니다. 중국 정부가 첨단 부품 산업을 계획대로 육성하기 위해서라도 강력하게 지원해줄 수밖에 없을 것입니다.

과거 첨단 부품 수입 후 저렴한 인건비를 바탕으로 해안 지역 위주로 개발해왔던 중국 경제는 지역 간, 계층 간 격차라는 부작용을 낳았습니다. 중국이 이를 개선하고 경제적·군사적으로 선도 국가가 되기 위해서는 내륙에서 첨단 부품을 만들어 자급하고, 뛰어난 제품들을 수출해 세계의 부를 거두어들이는 정책을 펼쳐야 합니다. 향후 중국이 국가적 목표를 달성하기 위해 어디에 투자해야 하는지가 매우 명확해졌습니다.

신산업 육성 계획 실현하는 후베이성 TOP 100 제조 기업들

분류	내용
차세대 정보 기술 산업	• 우한, 난창을 중심으로 하는 광전자 산업 클러스터 • 허페이, 우후, 우한을 중심으로 하는 평판 디스플레이 산업 체인 • 우한, 허페이에 메모리 산업기지 건설 • 정저우에 스마트 단자 산업기지 건설
신에너지 자동차 산업	• 자동차 부품 산업 클러스터 체계 완비 • 정저우, 허페이, 우후, 우한, 난창, 창사 등지에 신에너지 자동차 생산기지 건설
선진 철도교통 설비 산업	• 주저우, 상탄, 정저우, 뤄양, 타이웬, 다퉁, 허페이, 마안산 등지에 친환경 철도교통 설비 산업과 관련한 생산, 연구·개발 센터 구상
우주항공 산업	• 난창, 징더전에 국가 항공산업기지 건설 • 우한에 국가 우주산업기지 건설 • 정저우, 창사, 신양에 북두위성 산업기지 건설
신소재 산업	• 창주탄, 우한, 간저우, 잉탄, 뤄양, 안칭 등지에 신소재기지 건설
바이오 의약 산업	• 우한, 창사, 정저우, 난창, 신샹, 창즈 등지에 바이오 의약기지 건설
현대 종자 산업	• 창사, 정저우, 신샹 등지에 현대 종자 산업기지 건설

자료: 후베이성 기업연합회, KIEP 북경사무소, 《促进中部地区崛起十三五规划》, SK증권

중국의 신인프라 투자 전략, 신지젠

중국이 코로나19와 사상 최악의 홍수 피해를 극복하고, '두 개의 백 년'을 달성하기 위해 가야 할 길은 무엇일까요? 그 해답은 바로 '신新 인프라 투자'라 불리는 신지젠新基建입니다. 신지젠이라는 개념은 2018년 말 중

앙경제공작회의에서 처음 등장해 2019년 정부 공작 보고서에 포함시키며 널리 알려지게 되었습니다.

신인프라 투자 전략은 2020년부터 지금까지 중앙정치국 회의에서 여러 차례 언급되고 있으며, 이는 중국제조 2025 등 산업 고도화 정책과 샤오캉 사회 건설 정책 등과 자연스럽게 연계되어 있습니다.

코로나19로 경기가 하방 압력을 받게 됨에 따라 신인프라 투자 전략은 더욱 탄력을 받게 될 전망입니다. 33개 성급 행정구 중 2020년 고정자산투자 금액을 공개한 7개 지역의 투자액은 24조 4000억 위안(약 4183조 원)에 이르며, 이들 7개 지역은 2021년에만 3조 5000억 위안(약 600조 원)을 집행할 예정입니다. 그리고 하반기에 홍수로 상황이 더욱 악화됨에 따라 미공개 지역을 포함한 금액은 공개된 투자액의 몇 배에 이를 것으로 추정됩니다.

과거에는 인프라 투자라고 하면 철도와 도로 등 기초 인프라 투자를 의미했습니다. 물론 중국은 위기에 처해 있는 고속철도 산업을 살리기 위해 엄청난 규모의 투자가 필요한 상황입니다. 일대일로 핵심 산업인 철도 산업의 좌초를 두고 볼 수는 없기 때문입니다. 중국은 '신시대 교통강국 철도 건설 계획 강령'을 발표하면서 2035년까지 20만km 철도 건설과 7만km 고속철 건설 계

중국 '신인프라 투자 계획' 2020년 투자 규모 전망치

프로젝트	규모(억 위안)	설명
5G 기지국	2400~3000	중국 3대 통신사 2020년 1~3분기 5G 기지국 55만 개 이상 설치 계획
초특고압 송전망	800~1,000	연내 12개 특고압송전선로 건설 계획 발표
도시 간 고속도로 및 도시 순환도로	5400~6400	신규 착공 고속·순환도로 30개 건설
신재생에너지 자동차 충전소	200~300	공공 충전장 8000곳, 공공 충전기 15만 대 확충
데이터센터, 인공지능, 클라우드	1200	데이터센터, 인공지능, 클라우드 부문 산업 설비 투자 10% 증가 예상
합계	1조 2000억 위안 (약 189조 원)	

자료: SK증권

2020년 중국 중앙정치국 회의 신인프라 투자 관련 언급

날짜	내용
1월 3일	스마트·친환경 제조업 발전을 위한 네트워크 구축, 신인프라 투자 강조
2월 14일	전통과 신형 인프라 발전을 통해 고효율·스마트·친환경 인프라 체계 발전 언급
2월 21일	제약바이오, 의료설비, 5G 네트워크, 산업용 인터넷 발전의 필요성 강조
2월 23일	스마트제조·무인배송·온라인결제·헬스케어 등 신흥 산업 육성의 중요성 강조
3월 4일	코로나19 관련 응급물자 지원과 5G 네트워크 건설·데이터센터 등 신형 인프라 건설 속도 낼 것 주문

자료: SK증권

2020년 인프라 투자 계획 및 금액을 공개한 7개 지역

지역	중점 투자 항목 수 (개)	총 투자액 (억 위안)	연내 집행 금액 (억 위안)
운남성	525	5만	4400
허난성	980	3만 3000	8372
복건성	1567	3만 8400	5005
사천성	700	4만 4000	6000
중경시	1136	2만 6000	3476
산시성	600	3만 3800	5014
허베이성	536	1만 8800	2402
합계		24조 4000억 위안 (약 4184조 원)	3조 5000억 위안 (약 600조 원)

자료: SK증권

획을 공개했습니다. 중국의 철도 산업은 일대일로는 물론, 드넓은 국토의 균형 개발을 위해서도 포기할 수 없는 중요 산업입니다. 특히 국내 성장률을 올리는 데 이만한 프로젝트도 없을 것입니다.

그럼에도 불구하고 중국은 철도 산업만으로는 중국몽을 달성할 수 없습니다. 중국은 5G 통신 기술, 인공지능과 사물인터넷IoT, 로보틱 프로세스 자동화RPA, Robotic Process Automation를 결합시켜 미래의 인공지능 산업과 첨단 제품군을 모두 석권하겠다는 큰 그림을 그리고 있습니다. 따라서 중국의 신지젠에는 5G 네트워크와 데이터센터 투자, 스마트 제조, 무인 배송, 교육, 온라인 결제, 헬스케어 등이 결합되어 창출할 수 있는, 새로운 경제를 위한 투자가 더욱 절실합니다.

신지젠 다음 단계는 신비즈니스

모든 인프라 투자에는 명확한 목적이 있습니다. 중국도 마찬가지입니다. 신지젠 다음 단계는 바로 '신비즈니스新商业'입니다. 중국이 천문학적인 비용을 들여 5G, AI, IoT 등 신형 인프라 구축에 힘을 들이는 이유는 제조업 기술 개조와 설비 업그레이드는 물론, 제4차 산업혁명에서 우위를 점하려는 큰 그림을 그리고 있기 때문입니다.

중국 통신사의 5G 투자 목표는 미국이 도저히 범접할 수 없는 수준입니다. 중국은 2019년 말까지 13만 개 이상의 5G 기지국을 설치했고, 2020년 55만 개 이상의 기지국을 추가로 설치하겠다고 밝혔습니다. 또한 2025년까지 6억 명 이상, 2022년까지 4억 명 이상의 5G 가입을 목표로 하고 있습니다. 중국은 매우 저렴한 5G 스마트폰을 제조해 공급할 수 있으며, 누구나 부담 없이 가입

중국 5G 기지국 건설 규모 전망

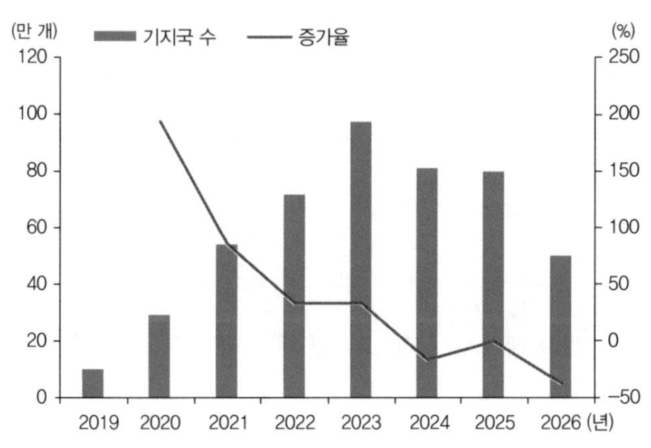

자료: SK증권

할 수 있는 저렴한 요금제를 제공할 계획을 가지고 있어 충분히 달성 가능할 것으로 보입니다.

그렇다면 2022년은 왜 중국과 시진핑에게 중요한 해일까요? 그에 대한 답은 정치적 측면에서 접근해볼 필요가 있습니다. 2020년과 2021년은 전면적인 샤오캉 사회를 완성하고, 다음 단계인 중국몽 실현으로 이어져야 하는 매우 중요한 시점입니다. 즉 2021년 첫 번째 백 년의 목표를 달성하고, 2049년 두 번째 백 년을 위해 나아가야 할 시점이라는 뜻입니다. 특히 시진핑에게

2022년은 마오쩌둥 이후 최초로 장기 집권 시대를 열어가게 될 중요한 양회가 열리는 해이기도 합니다. 따라서 지난 10년간의 집권 1기를 완성하고, 새로운 10년의 집권 2기를 열어야 합니다.

2017년 10월에 있었던 제1차 전체회의(중전회)에서는 '시진핑 신시대 중국 특색 사회주의 사상'을 당헌에 삽입해 장기 집권의 기틀을 마련하기도 했습니다. 2022년 2월에 개최될 베이징 동계올림픽은 5G와 8K, AI가 결합된 행사로, 중국의 위대함과 시진핑의 성과를 세계에 과시할 중요한 이벤트가 될 것입니다.

중국은 2022년 베이징 동계올림픽을 통해 신지젠 다음 단계인 '신비즈니스=클라우드 경제'의 청사진을 제시할 것으로 예상됩니다. 모든 것이 온라인으로 플랫폼화되면서 전자상거래와 홈엔터테인먼트는 물론 스마트한 행정 서비스, 스마트 제조 경쟁력까지 한 차원 높은 제4차 산업혁명의 선도 국가로서의 모습을 보이려는 것입니다. 코로나19로 인해 언택트 이코노미Untact Economy 시대가 예상보다 빠르게 도래했습니다. 중국

▲ 베이징 동계올림픽은 5G와 8K, AI가 결합된 행사로, 중국의 위대함을 세계에 과시할 중요한 이벤트가 될 것이다.

은 이러한 변화도 미국보다 빠르게 흡수하고자 하는 바람을 갖고 있습니다.

시진핑의 장기 집권 의지가 엿보인 2017년 제1차 전체회의

연도	당대회	수정 내용
1945년	7대	마오쩌둥 사상 지도 지위 확립
1956년	8대	전국인민대표대회 매 임기 5년으로 제정
1977년	11대	현대화 건설을 통한 사회주의 강국 표현 회복
1982년	12대	입당 선서 규정
1987년	13대	당내 경쟁 선거 규정 1차 개헌: 사영경제의 '사회주의 공유경제 보충 수단' 승인
1992년	14대	2차 개헌: 중국 특색의 사회주의 건설 이론 삽입, 개혁개방 견지
1997년	15대	3차 개헌: 덩샤오핑 이론 지도 지위 확장
2002년	16대	4차 개헌: 장쩌민의 3개 대표론 지도 사상 확립
2007년	17대	후진타오의 과학발전관 명시
2012년	18대	과학발전관의 행동 지침으로 생태문명건설 규정
2017년	19대	5차 개헌: '시진핑 신시대 중국 특색 사회주의 사상' 당헌 삽입 국가주석 2연임 초과 금지 조항 삭제

자료: SK증권

CHIP WAR

PART 4

미국, 전면전에 나서다

미국의 강력한 공습:
화웨이의 추락

사상 초유의 제재를 당한 화웨이

2020년 2분기 중국 스마트폰과 반도체 산업에 경사스러운 일이 발생했습니다. 화웨이가 삼성전자와 애플을 물리치고 글로벌 스마트폰 시장에서 1위를 차지했고, 화웨이의 자회사 하이실리콘이 중국 기업 최초로 글로벌 Top 10 반도체 기업에 이름을 올린 것입니다. 특히 스마트폰에 주로 사용되는 AP Application Processor 시장에서는 3위로 도약하는 쾌거를 이루어냈습니다.

물론 2020년 2분기는 중국 외 글로벌 스마트폰 시장이 코로나19로 인해 최악의 판매를 기록한 데 반해, 중국 스마트폰 시장은 강건했기에 일시적으로 발생한 현상이었습니다. 중국이 기쁨을

누린 시간은 매우 짧았습니다. 미국이 화웨이와 하이실리콘에 전방위적인 맹공을 퍼붓기 시작했기 때문입니다.

트럼프 정부 초기에는 중국의 통신 산업과 반도체 굴기를 대표하는 화웨이와 자회사 하이실리콘에 대한 제재 효과가 크지 않을 것이라는 의견이 많았습니다. 디램과 낸드로 대표되는 메모리 반도체는 미국의 마이크론이 공급하지 않더라도, 한국의 삼성전자와 SK하이닉스가 공급하면 아무런 문제가 되지 않기 때문입니다. 그런데 미국 기업도 아닌 영국의 대표적인 반도체 설계업체인 ARM이 화웨이 제재에 동참하면서 중국은 심각한 위기를 맞게 되었습니다.

글로벌 스마트폰은 구글의 안드로이드Android 진영과 애플의 iOS 진영으로 양분됩니다. 화웨이가 중국 내수용이 아닌 글로벌 스마트폰 시장에서 살아남으려면, 미국의 구글이 제공하는 애플리케이션과 플레이스토어 사용 라이선스가 필요합니다. 그리고 미국의 브로드컴Broadcom, 코르보Qorvo, 퀄컴 등이 생산하는 반도체칩과 특허IP 사용권도 필요합니다. 그러나 화웨이는 미국의 제재로 인해 미국 기술이 포함된 반도체칩과 라이선스를 사용할 수 없게 되었습니다.

무엇보다 중국의 입장에서 아프게 다가오는 것은 ARM과의 라이선스 계약을 연장하지 못한다는 사실입니다. ARM은 오늘날 스마트폰 시장에서 사용되는 AP의 기본적인 SoC System On Chip 설계 구조 및 IP를 제공하는, AP업계에서는 글로벌 표준화가 되어 있는 회사입니다. ARM의 설계에 대한 라이선스를 확보하지 못할 경우, 하이실리콘은 그들이 설계한 AP칩인 기린 Kirin 프로세서를 더 이상 만들 수 없습니다.

스마트폰 시장에서 사라져가는 화웨이

화웨이 제재 이후 애플과 삼성전자, 그리고 중국의 OVX [Oppo(오포), Vivo(비보), Xiaomi(샤오미)를 일컬음]가 글로벌 스마트폰 시장에서 수혜를 받고 있습니다. 2020년 4분기 애플은 아이폰12 출시 효과를 감안하더라도 화웨이의 물량을 대거 흡수했습니다. 애플의 시장점유율은 전년 대비 3% 포인트 상승했습니다. 이는 중국 시장에서의 애플 매출성장률이 전년 대비 57% 늘어난데 기인합니다. 반면 중저가 라인업에서는 OVX가 전년 대비 1% 포인트 이상 시장점유율을 확대하며 화웨이의 수요를 흡수하고 있습니다. 삼성전자는 중국에서의 반사 수혜는 크게 얻지 못하고 있으나 글로벌 시장에서의 판매량 확대가 기대됩니다.

미국 입장에서는 AP 등의 주요 부품을 조달하며 통신사의 클라우드Telco Cloud 구축 및 5G, AI, IoT 등으로 연결시킬 수 있는 네트워크 벤더Network Vendor인 화웨이와 핵심 반도체 부품을 설계해줄 자회사인 하이실리콘과의 연결고리를 약화시키는 데 성공한 셈입니다. 특히 화웨이가 안정적으로 수익을 창출할 수 있는 통신장비와 스마트폰 사업에 타격을 동시에 줌으로써 중국의 5G 인프라가 세계를 지배할 수 있는 길을 막는 성과를 거두었다고 볼 수 있습니다.

화웨이 제재 이후 글로벌 스마트폰 업체 시장점유율 변화

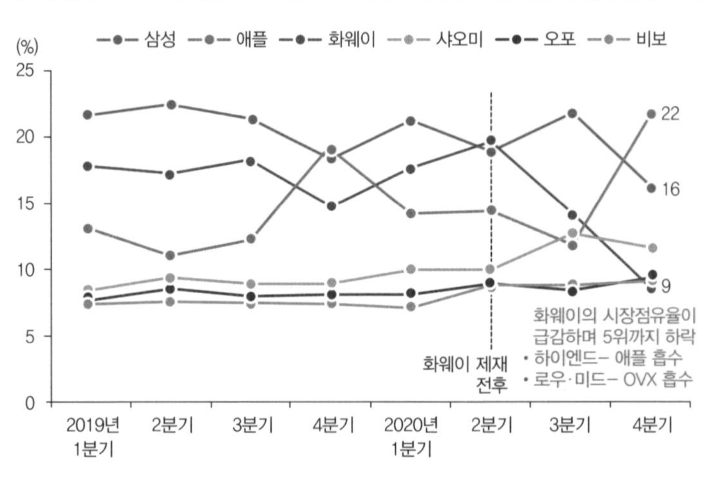

자료: SA, SK증권

피할 수 없는 하이실리콘의 퇴출

미국은 세계 최고 하이엔드 파운드리 업체인 대만의 TSMC에 화웨이, 그리고 하이실리콘과 결별하라는 압박을 넣었고, TSMC는 2020년 9월부터 하이실리콘의 제품을 만들지 않겠다고 선언했습니다. 화웨이는 ARM의 아키텍처Architecture를 사용하지 못하는 것만으로도 절망적입니다. 그런데 TSMC의 첨단 공정을 사용하지 못한다는 것은 반도체 산업에서 사실상 퇴출 수순에 놓였음을 의미합니다. 화웨이가 각종 인공지능 데이터 네트워크를 구축하기 위해 개발한 반도체는 대부분 ARM 설계를 기반으로 했기에 중국 경제 성장성을 주도할 큰 그림도 심각한 수준의 타격을 입을 수밖에 없습니다.

중국이 그나마 잘하는 부문은 시스템 반도체 설계인 팹리스 부문입니다. 위탁생산을 해주는 파운드리 부문의 경쟁력은 매우 취약한 상태입니다. 따라서 중국의 시스템 반도체 산업은 글로벌 경쟁력을 상실할 가능성이 커졌으며, 화웨이의 글로벌 스마트폰 판매량과 시장점유율도 급락하고 있습니다. 또한 하이실리콘이 더 이상 AP를 만들 수 없게 됨에 따라 화웨이의 스마트폰과 네트워크 솔루션이 가지고 있던 핵심 부품 내재화의 강점이 무너지고 있습니다. 미국의 퀄컴은 하이실리콘이 빠지게 될 화웨이의 스마트폰에 자사의 AP를 공급하고 싶은 마음이 있었으나 미국 정부가 화웨이를 견제하는 수준을 넘어 시장에서 퇴출시키고자 하는 강력한 의지를 보여 결국 바람이 이루어지지 못했습니다.

중국은 하이실리콘의 인력을 활용해 팹리스 업체를 많이 만들고, 그들을 TSMC와 연계시키는 방안을 생각해볼 수 있을 것입니다. 그리고 하이엔드 파운드리 공정 개발을 통해 자체적으로 모두 해결할 방법을 강구해야 합니다. 그러나 미국은 중국의 움직임에 예의 주시하고 있으며, 중국의 인공지능 반도체 시장 진입 및 하이엔드 파운드리 산업의 진입을 막기 위해 반도체 장비 수출 금지도 불사할 것으로 전망됩니다.

중국은 화웨이 사태를 겪으며 하이엔드 파운드리의 중요성을 깨달았고, 미국의 반도체 장비를 사용하고 있는 삼성전자와 SK하이닉스의 메모리 반도체도 언젠가 공급받지 못할 수도 있다는 사실을 우려하게 되었습니다. 중국은 파운드리와 메모리 반도체 산업의 내재화를 위한 강력한 2차 반도체 굴기를 추진할 수밖에 없는 상황입니다. 파운드리에서는 SMIC, 메모리 반도체에서는 CXMT와 칭화유니그룹 계열사인 YMTC가 국산화를 위한 중국 정부의 전폭적인 지원을 받게 될 것입니다. 따라서 중국 반도체 내재화에 따른 2차 반도체 굴기 수혜 기업들을 점검하고, 중국으로부터 발생할 수 있는 한국 반도체 산업의 실질적인 위협 수준이 어떠한지를 살펴볼 필요가 있습니다.

미국의 승리로 끝난 1차전, 흔들리는 중국 반도체 산업

하이실리콘은 화웨이의 시장 입지 상실과 미국의 기술 특허가 많이 사용되는 대만 TSMC의 최첨단 EUV 공정을 사용할 수 없게 됨에 따라 AP 시장에서 사라지게 될 운명에 처했습니다. 하이실리콘의 AP는 미국의 제재로 인해 중저가 스마트폰 시장에서도 기타 업체들의 채택이 불가능한 상황입니다.

중국의 5G 스마트폰 보급은 여전히 미국을 앞서고 있으며, 앞으로도 강력한 5G 보급 정책을 이어갈 것입니다. 그러나 중국의 5G 스마트폰 보급을 통해 부품업체가 받는 수혜는 화웨이와 하이실리콘의 퇴출로 인해 대만과 미국 기업들에게 이전되었습니다. 미국의 명백한 승리입니다.

2020년 2분기 16%의 글로벌 시장점유율을 차지했던 하이

AP 업체들의 글로벌 시장점유율 현황

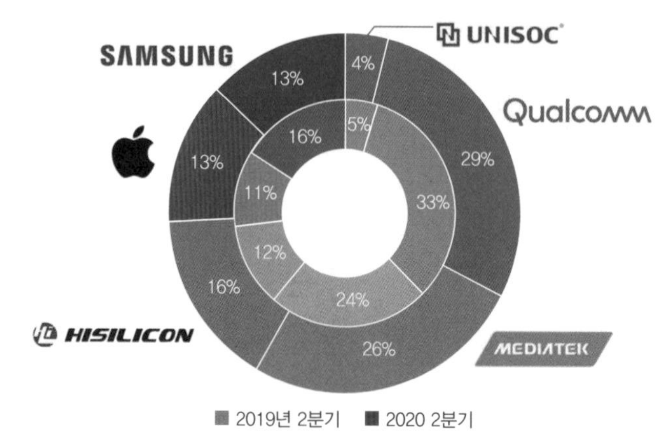

자료: 카운터포인트리서치, SK증권

업체별 스마트폰 출하량 추이 및 전망

(단위: 백만 대)

AP	Mobile Set	2019년	2020년	2021년		2021년 YoY	2021년 M/S
Qualcomm SAMSUNG	SAMSUNG	295	254	282		11%	23%
HISILICON MEDIATEK	HUAWEI	241	188	53		–72%	3%
Qualcomm MEDIATEK SAMSUNG	oppo	115	114	145		27%	11%
	vivo	107	112	140		26%	10%
	mi	125	146	185		27%	12%
Apple	Apple	197	206	226		10%	16%

자료: SK증권

실리콘의 빈자리는 최저가 AP를 만들고 있는 칭화유니그룹의 UNISOC가 아니라 퀄컴, 애플, 삼성전자 등 비중화권 기업들이 나누어 차지하게 될 것입니다. 미국이 중국의 OVX에 크게 공세를 가하지 않는 이유는 해당 업체들이 아직은 미국의 기술 패권 유지에 걸림돌이 되고 있지 않기 때문입니다. 만약 이들의 기술력이 위협적이라고 느낀다면, 미국은 지체하지 않고 새로운 제재를 가할 것입니다.

더욱 높아지는
한국과 대만 의존도

중국은 메모리 반도체 산업에서는 모바일과 서버 시장에 진출할 수 있는 역량을 확보하지 못했고, 시스템 반도체 산업에서는 위탁생산을 맡아줄 파운드리의 역량이 턱없이 부족한 상황입니다. 또한 기술 자립을 하고 싶으나 글로벌 경쟁사 대비 중국 반도체 장비업체들의 기술력은 글로벌 시장에서 최하위권에 머물러 있습니다. 따라서 중국의 스마트폰 업체들은 핵심 부품들을 최대한 저렴하게 구매하여 조립해 판매하는 수준으로 다시 하향 평준화되고 있습니다. 중국산 반도체 부품의 성능이 취약하다 보니, 아무래도 한국과 대만산 부품 구입도 증가할 수밖에 없습니다.

그런데 여기서 한 가지 재미있는 것은 미국을 대표하는 애플도 한국과 대만의 부품 의존도가 매우 높다는 사실입니다. 역설적으로 한국과 대만 부품업체들의 애플 의존도도 매우 높습니다. 애플의 아이폰을 보면 ① 디램은 삼성전자와 SK하이닉스, ② 낸드는 삼성전자와 SK하이닉스, 일본의 키오시아, ③ 디스플레이는 삼성디스플레이와 LG디스플레이, ④ AP는 자체 설계, 위탁생산은 대만의 TSMC, ⑤ 5G 모뎀은 미국의 퀄컴, 위탁생산은 대만의

아이폰12 프로 부품 공급업체 국가 비중

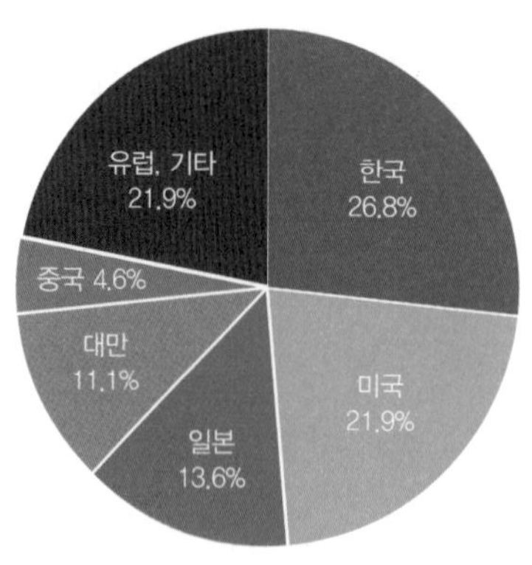

자료: 포말하우트 테크노 솔루션(Fomalhaut techno solutions)

애플에 부품을 공급하는 국가별 업체 수(2017년 기준)

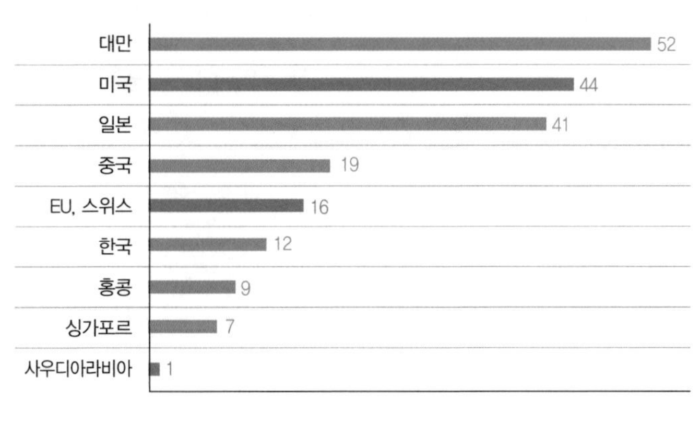

자료: 애플의 공급처 목록

TSMC, ⑥ 카메라에 사용되는 CMOS 센서는 일본의 소니 등 아시아 지역의 비중이 대단히 높으며, 이 중 메모리, AP, 파운드리는 주로 한국과 대만에서 부품을 조달하고 있습니다. 나아가 애플의 아이폰에 부품을 공급하는 업체 수를 보면 대만이 대체 불가능한 수준으로 1위라는 것을 알 수 있습니다.

애플이 출시한 최초의 5G 아이폰은 2020년 10월에 출시된 아이폰12입니다. 전작 대비 재료비가 증감된 주요 분야는 ① AP와 BB, ② RF, ③ 디스플레이 서브시스템입니다. 아이폰12의 재료비는 아이폰11 대비 72.5달러 증가했는데, 이 중 주요 3부문의 재료비 증가가 76.8달러입니다. 이는 결국 5G 스마트폰 시장 확대에 따라 증가하는 주요 분야에서 중국 부품업체들은 별다른 재미를 보지 못하고 있다는 것을 의미합니다. 중국 스마트폰 업체들의 자국 부품 사용률은 화웨이와 하이실리콘의 몰락으로 인해 오히려 대폭 축소될 것으로 전망됩니다.

반도체 굴기를 포기할 수 없는 중국

AI, 즉 인공지능의 핵심은 무엇일까요? 인공지능 전문가 리카이푸Lee Kai-Fu는 자신의 저서 『AI 슈퍼파워AI Super Powers』를 통해 AI 영역의 핵심은 '혁신'이 아닌 '기술의 현실화 및 운용'이라고 밝혔습니다. 인공지능계의 주력 분야는 발견 및 혁신에서 운용으로, 전문가에서 데이터로 옮겨가고 있다고 주장한 것입니다.

미국의 데이터혁신센터Center for Data Innovation는 최근 중국의 인공지능 기술 수준이 미국을 근접하게 추격하게 된 것은 데이터 수집 및 활용 부문에 상당한 강점이 있기 때문이라고 언급했습니다. 중국 정부는 국가의 데이터 통제권을 강조하며 해외 기업의 자국민 데이터 활용을 엄격하게 제한하고 있습니다. 반면 자국 기업에는 데이터 활용을 장려하며 타 산업과의 융합을 통한 부가 가치 창출 및 신산업의 경쟁력 강화를 독려하고 있습니다.

특히 중국 국경 안에서 기업을 운영하는 도중에 수집·생성하는 개인정보와 중요 데이터를 중국 국경 안에 저장해야 한다는 네트워크 안전법 38조에 따라 중국에서 얻게 되는 개인정보는 중국 내 서버에 저장해야 합니다. 중국은 필요시 자체적인 사법 절차를 거쳐 중국 사용자의 민감한 개인정보까지 얻을 수 있어 인공지능을 활용한 다양한 서비스를 추구할 수 있습니다. 바로 이러한 점 때문에 미국은 중국의 동영상 공유 애플리케이션 틱톡TikTok에 이어 중국판 카카오톡으로 불리는 위챗WeChat에 대해서도 제재 방침을 시사했습니다. 틱톡의 정보 유출 및 프라이버시 침해 우려를 쟁점화한 사례입니다.

중국이 최고의 5G 통신망과 함께 14억 4000만 중국인의 데이터를 필요시 언제든 활용할 수 있다는 점은 미국에 큰 위협임을 부정할 수 없습니다. 빅데이터Big Data 시대에 가장 중요한 것은 데이터인데, 미국은 중국을 따라가기 어렵습니다. 따라서 미국이 중국에 가할 수 있는 최고의 제재는 중국계 기업이 만든 애플리케이션을 사용하지 못하게 하는 수준을 넘어 아예 5G와 인공지능, 그리고 글로벌 수준의 빅데이터가 연결되지 못하도록 막는 것입니다. 이를 가능케 하는 것이 바로 중국이 가장 취약한 분야인 반도체인 것입니다.

2018년 '중국제조 2025'를 중간 점검하며 중국이 내린 평가는 다음과 같습니다. 중국이 세계를 선도하는 3대 분야는 ① 통신,

반도체 판매 Top 10 기업

(단위: 100만 달러)

2020년 1분기 순위	2019년 1분기 순위	회사	본사	2019년 1Q총 IC	2019년 1Q총 O-S-D	2019년 1Q총 Semi	2020년 1Q총 IC	2020년 1Q총 O-S-D	2020년 1Q총 Semi	2020년 1Q/ 2019년 1Q(%)
1	1	인텔	미국	15,779	0	15,799	19,508	0	19,508	23
2	2	삼성	한국	11,992	875	12,867	13,939	858	14,797	15
3	3	TSMC(1)	대만	7,096	0	7,096	10,319	0	10,319	45
4	4	SK하이닉스	한국	5,903	120	6,023	5,829	210	6,039	0
5	5	마이크론	미국	5,465	0	5,465	4,795	0	4,795	−12
6	6	브로드컴(2)	미국	3,764	419	4,183	3,700	410	4,110	−2
7	7	퀄컴(2)	미국	3,753	0	3,753	4,050	0	4,050	8
8	8	TI	미국	3,199	208	3,407	2,974	190	3,164	−7
9	11	엔비디아(2)	미국	2,215	0	2,215	3,035	0	3,035	37
10	15	하이실리콘(2)	중국	1,735	0	1,735	2,670	0	2,670	54
		합계		60,921	1,622	62,543	70,819	1,668	72,487	16

* 주: (1) 파운드리 (2) 팹리스

자료: Company reports, IC insight's strategic reviews

② 철도, ③ 태양광입니다. 반면 중국이 가장 뒤처져 있는 3대 분야는 ① 집적회로(반도체), ② 집적회로 장비, ③ 민간항공입니다. 그로 인해 미국은 중국이 반도체 분야에서 글로벌 경쟁력을 갖지 못하게 하면서 통신 부문에서 시너지를 내지 못하도록 막으려 하는 것이고, 이에 해당하는 기업이 바로 화웨이입니다. 화웨이는 통신장비 부문에서 세계 1위, 글로벌 스마트폰 시장에서 세계 2위, 반도체 부문에서 세계 10위(팹리스 중 4위)를 차지한 중국의 대표 국영기업입니다. 미국은 화웨이가 재기 불가능한 수준까지 밀어붙이는 정책을 상당 기간 유지할 것으로 전망됩니다.

상황이 이러함에도 중국은 반도체 굴기를 멈출 수 없습니다. 중국이 자체적으로 반도체 산업을 육성하지 못한다면, 중국 내륙 지역을 첨단 부품 산업으로 육성해 지역 간 균형 있는 경제 성장 및 세계 첨단 산업을 석권하겠다는 중국몽은 그야말로 꿈으로 끝날 수도 있기 때문입니다. 덩샤오핑 이후 시진핑으로 이어지는 중국의 '두 개의 백 년'도 달성 불가능하다는 뜻입니다.

중국 정부와 화웨이는 이에 대한 극복 방안으로 칭화유니그룹의 UNISOC를 통한 플랜 비Plan B를 계획하고 있습니다. 실제로 UNISOC는 저가 제품 위주의 AP와 모뎀을 만들어왔는데, 화웨이의 도움으로 2020년 6㎚ 기반의 5G AP와 모뎀을 만드는 데 성

▲ 중국 반도체 업체 UNISOC의 2세대 5G 칩셋 'Tiger T7520'. TSMC의 6나노 EUV 공정이 적용된 칩셋으로, UNISOC가 자체 개발한 5G 모뎀이 통합되어 있다.

공했습니다. 그리고 중국의 하이센스Hisense 스마트폰에 채택되며 비즈니스를 확대할 기회를 엿보고 있습니다. 실제로 2020년 하반기 또는 2021년부터 중국의 Oppo와 샤오미의 보급형 5G 스마트폰에 채택될 가능성이 높아지고 있으며, 미국 입장에서는 UNISOC와 YMTC를 보유한 칭화유니그룹에 대한 제재 필요성이 높아지고 있는 실정입니다. 반면 중국은 재정 위기에 처해 있는 칭화유니그룹에 대한 대대적인 지원 및 경영진 교체 등에 나설 수도 있습니다.

CHIP WAR

PART 5

중국의 2차 반도체 굴기

포기할 수 없는 중국

정부 주도의 미국 따라 잡기

중국은 뉴노멀(저성장, 저물가, 저금리) 시대에 2차 산업 중심의 양적 성장 모델에 대한 한계를 분명히 인식하고 있습니다. 후진타오는 2011년 산업 구조를 혁신 산업 위주로 재편하겠다는 '7대 신흥 산업' 육성 계획을 발표했고, 시징핀 집권 이후 이러한 움직임은 더욱 강력하게 나타나고 있습니다.

중국의 강력한 의지는 '중국제조 2025'로 연결되었고, 현재 중국의 특허 및 R&D 지출은 세계 최고 수준입니다. 질적 측면을 제외한 양적 측면에서 보면, 중국의 특허 출원 건수는 2012년 미국을 추월한 이후 2019년 미국의 2.5배까지 격차를 벌렸습니다. 중

각국의 특허 출원 건수

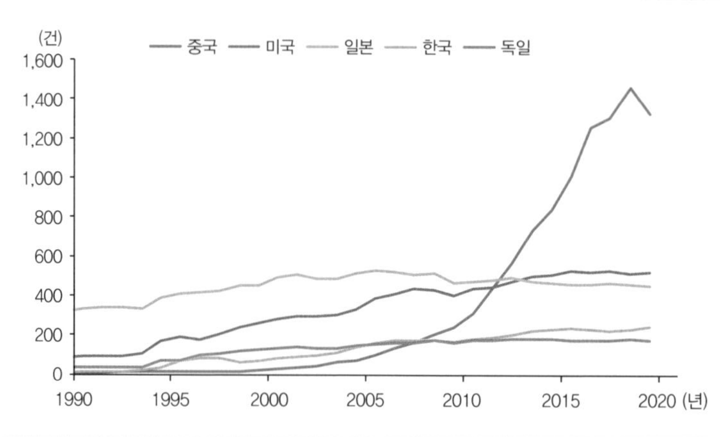

자료: 세계지적재산권기구, SK증권

각국의 R&D 지출

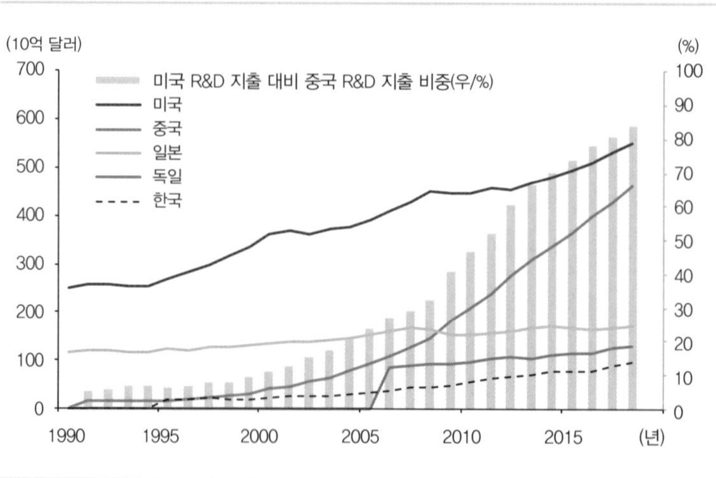

자료: OECD, SK증권

국의 R&D 지출 역시 2009년에는 미국의 41% 수준에 불과했으나, 9년 만에 84% 수준까지 추격했습니다. 다만 중국은 여전히 개별 기업보다는 중앙 정부의 R&D 비용에 지나치게 의지하는 모습을 보이고 있는 상황입니다. 또한 양자컴퓨팅을 제외한 반도체 부문에서의 특허는 질적 측면에서 상당히 낮게 평가되고 있기도 합니다.

미국은 중국을 상대로 노골적인 견제에 나섰습니다. 미국은 중국 정부의 육성 정책이 ① 보조금 지급을 통한 시장 왜곡, ② 불법적 기술 이전 및 지적재산권 무시, ③ 정부 자금을 사용한 공격적인 해외 기업 인수합병으로 미국 기업의 이익을 훼손한다고 보고 있습니다. 그래서 이에 대한 조치로 ① '14개 신흥 기술'에 대한 수출 금지, ② 기술 유출 기업 블랙리스트 등재, ③ 블랙리스트 등재 기업의 대미 투자와 미국 투자자 자금 유치 금지, ④ 미국과의 공동 연구 금지 등을 발표했습니다. 또한 트럼프 정부 시절 중국의 첨단 산업 육성 정책인 '중국제조 2025' 계획을 폐기할 것을 요청했습니다. 중국은 부분적으로 미국의 요청을 수용하기에 이르렀으나 2021년 양회에서 '중국제조 2025'는 사실상 부활했습니다.

기술 패권 유지를 위한 미국의 3차 제재

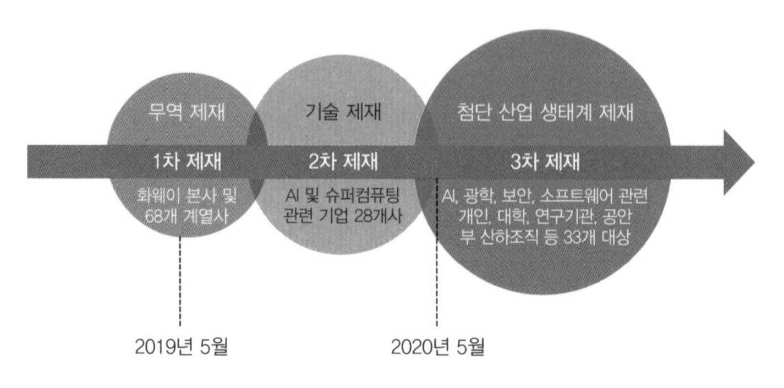

자료: 정보통신정책연구원, SK증권

미국에 대항하는 중국의 빅 피처, 쌍순환

2020년 글로벌 경제위기를 돌파하기 위해 중국이 꺼내든 슬로건은 '쌍순환双循环'입니다. 쌍순환은 '국내 대순환'을 중심으로 '국내·국제 순환'을 상호 촉진한다는 의미로, 경제 축을 외부에서 내부로 전환하겠다는 전략입니다.

이는 미국의 견제를 극복하기 위해 외부시장에 대한 의존도를 낮추고 내수를 중심으로 경제 구조를 개편한다는 의미를 담

국내 대순환을 중심으로 국내·국제 순환 상호 촉진을 목표로 하는 '쌍순환'

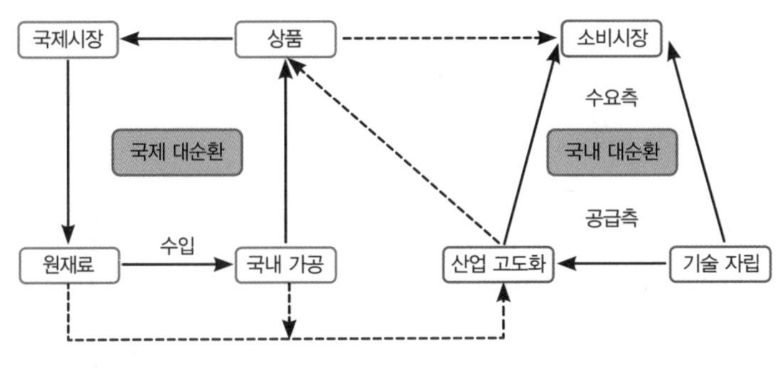

자료: SK증권

고 있습니다. 사실 중국 정부가 최근 10년 동안 직간접적으로 추진해온 것들이지만, 14차 5개년 계획(2021~2025년)으로 공식화해 2021년부터 실행하기로 결정했습니다.

결국 미국의 대중對中 첨단 산업 발전 저지에 대응하기 위해 중국은 ① 금융시장의 대외 개방 및 선진화, ② 신인프라 투자를 통한 첨단 산업의 내수 시장 확대, ③ 핵심 소재, 부품, 장비 등 GVCs 내재화를 추진하겠다는 것이며, 미국의 간섭과 제재를 덜 받는 내수, 특히 미래 산업·첨단 산업의 고부가가치 제조업 공급망 구축에 중점을 두겠다는 것입니다.

투자할 돈이 부족한 중국

개별 기업 측면

최근 들어 미국을 비롯한 동맹국들은 기후 위기를 강조하면서 탄소 중립과 관련된 매우 공격적인 계획을 요구하고 있습니다. 조 바이든Joe Biden 행정부는 기후 변화를 최우선 과제로 삼고 있습니다. 경기 진작 패키지에 그린 인프라와 청정에너지 연구 지원을 포함시켰고, 재닛 옐런Janet Yellen 재무장관은 온실가스 배출 억제를 적극적으로 옹호하는 입장입니다. 기후 위기 극복에 관한 국제적 공감대가 형성된 만큼, 미국은 중국에 대해서도 더욱 강한 환경적 국제관계에서 기후 변화 대처를 우선할 것으로 전망됩니다.

미국은 각 대통령의 행정 명령과 규제 시행 등을 통해 기후 변화에 대처할 것입니다. 트럼프 정부 시절 탈퇴한 파리기후변화협약PCCA, Paris Climate Change Accord에 재가입할 것이고, 주요국이 기후 목표를 설정하도록 유도할 것입니다. 이미 영국과 이탈리아 등 유럽 국가들은 미국과의 기후 변화 관련 협력에 적극적으로 나서고 있습니다.

제조업이 강한 국가가 갖는 당면 과제는 바로 환경 규제를 극복하는 일입니다. 중국도 제조업이 강하기 때문에 탄소 배출로 규제를 받을 수 있는 석유화학, 철강 기업 등 전통 산업과 관련된 기업이 많습니다. 탄소 배출은 IT와 가전제품을 만들 때도 발생합니다. 2021년부터 완전히 주류로 자리 잡은 ESG Environment, Social, Governance 기준을 중국 기업에 들이댄다면, 중국 기업들은 그 기준을 맞추기가 매우 어려워질 것입니다. 게다가 높아진 환경 규제 수준을 맞추려면 중국 기업들의 부담은 더욱 커질 수밖에 없을 것입니다.

중국 경제 측면

지방자치권이 강한 중국 경제 특성상, 중국의 지방정부들은 도시 개발과 인프라 투자 위주로 GDP 성장을 이루어왔습니다. 방만한 재정 지출로 인해 지방정부의 부채가 높아짐에 따라 모든 산업에 대한 정부 주도 지원은 한계를 보일 수밖에 없습니다. 특히 중국의 반도체 산업 육성은 정부가 집중적으로 지원했음에도 불구하고, 투자 대비 수익성이 낮은 상황입니다. 재정 형편이 녹록지 않은 지방정부가 제4차 산업혁명을 위한 투자를 지원하는 데에는 분명 한계가 있습니다.

중국의 선택과 집중

중국 지방정부들의 재정 여건이 좋지 않다고 해서 중국이 100년의 꿈을 포기할 수는 없습니다. 13차 5개년 계획(2016~2020년) 때만 하더라도 중국의 자신감은 그야말로 대단했습니다. 그러나 화웨이, ZTE로 대표되는 중국의 5G 통신장비 및 스마트폰 산업의 지배력은 오히려 낮아지고 있으며, 하이실리콘은 AP 시장에서 사실상 퇴출 수순을 밟고 있습니다. 중국 테크Tech 기업들의 글로벌 석권 전략이 꿈으로부터 멀어지고 있는 상황입니다.

중국 지방정부들의 재정 상황은 부동산과 금융, 그리고 전통적인 산업들의 경기 변동에 크게 좌우됩니다. 그런데 BAT(바이두, 알리바바, 텐센트)로 대표되는 중국의 미래를 이끌 기업들은 인터넷, 게임, 전자상거래에 머물러 있지 않고, 자신들의 영역을 금융, 결제, 클라우드 등으로 확대하고 있습니다.

앞으로 전통적인 영역에 머물러 있는 기업들은 BAT와 같은 플랫폼 기업들과의 경쟁에서 승리하지 못할 가능성이 큽니다. 이는 중국 지방정부의 재정 여건이 더욱 어려워질 수도 있음을 의미합니다. 그리고 중국 지방정부의 투자 여력 축소는 미래 산업에 대

중국의 장기 로드맵

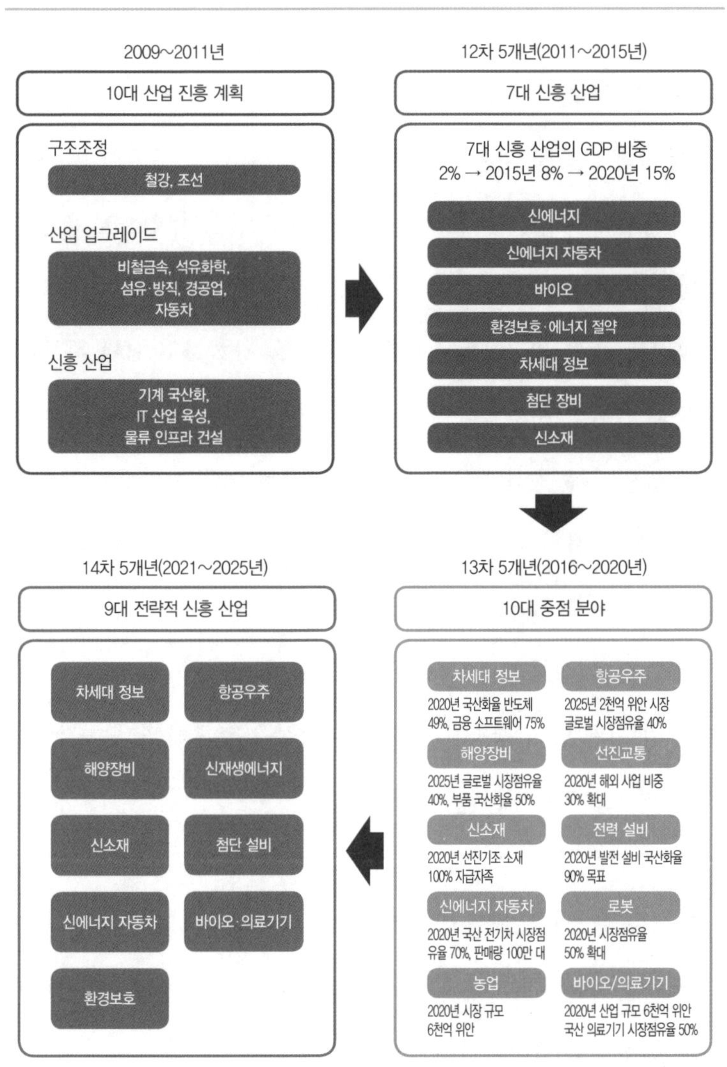

자료: SK증권

한 정부 주도의 R&D 투자가 지속되기 어려워지는 결과로 이어질 수도 있습니다.

따라서 중국은 BAT와 같은 거대 테크 기업들에 대한 중앙정부의 통제력을 더욱 키울 필요가 있습니다. BAT는 중국의 일부 지역에 국한되지 않은 비즈니스를 추구하고 있으며, 앞으로의 실적 전망도 밝습니다.

그러므로 중국은 이들에 대한 통제권을 강화하고, BAT 등 현금 창출능력이 좋은 기업들이 반도체 개발 등 주요 분야에 대한 투자를 높이도록 독려해야만 합니다. 실제로 BAT는 반도체 분야에 적극적으로 뛰어들고 있으며, 중국 정부로부터 받는 압박의 수위도 점점 커져갈 것입니다.

결국 중국 정부가 2021년 양회를 통해 보여준 시그널은 분명해 보입니다. 양적 팽창보다는 질적 성장을 추구하겠다는 강력한 시그널을 보낸 이상, 추후 확인해야 할 점은 '얼마만큼 성장했는가'가 아닌, '어떤 영역에서 성장했는가'가 될 것입니다. 중국 정부는 다시금 기술 패권에 대한 도전 의지를 보여주었기에 관련 산업들이 빠른 시일 내에 가시적인 성과를 도출해낼 수 있도록 독려할 것으로 전망됩니다.

반도체 굴기를 위한 중국의 노력

중국 정부는 반도체 펀드 조성 외에도 각종 정책과 규제 완화 등 다양한 수단을 이용해 반도체 산업 육성을 주도해왔습니다. 재정 및 조세, 투자 및 융자 등 금전적 지원은 물론, 반도체 연구 개발부터 시장화 프로세스까지 전방위적인 지원책을 실시해왔습니다.

중국의 반도체 1기 펀드는 제조 및 설계에 집중했던 반면, 반도체 2기 펀드는 미국 제재의 영향으로 1기 투자에서 상대적으로 취약했던 소부장(소재, 부품, 장비)의 국산화 추진에 더욱 중점을 두고 있습니다.

반도체 1기 펀드의 투자 규모는 1387억 위안(약 21조 원)으로, 이 중 67%가 IC 제조 분야에 집중되었습니다. 특히 칭화유니그룹에 31%의 자금이 집중되었고(대부분이 YMTC), 그 외 23%는 SMIC를 지원하는 데 사용되었습니다. 이는 전체 펀드 중 약 21%가 칭화유니그룹으로, 약 15%가 SMIC로 유입되었음을 의미하고, 전체 자금 중 30% 이상의 펀드가 상위 제조업체에 집중적으로 지원되었음을 의미합니다. 이에 반해 반도체 2기 펀드의 투자 규모는 2041억 위안(약 34조 원)으로, 1기 투자에서 부족했던 소재 및 장

중국의 반도체 산업 관련 정책

발표시기	정책 명칭	주요 내용
2014년 6월	국가 집적회로 산업 발전 촉진 강요	반도체 산업의 40%를 차지하는 설계업의 발전을 적극 추진하고 반도체 제조업의 가속화된 발전을 시행. 패키징 및 검사 업계의 발전 수준을 제고하고 반도체 관련 설비와 재료 업그레이드 추진
2015년 5월	중국제조 2025	핵심 기초 부품(부속품), 선진기초 공예, 기초 재료 등의 발전 방향 모색. 반도체 및 전용 설비를 중점 발전 대상으로 지정하여 반도체 설계 수준의 제고 추진. 전자기기 산업 발전의 핵심 통용 메모리칩을 연구하고 국가 반도체칩 적용능력 배양
2016년 3월	국민 경제 사회 발전 13.5 규획 강요	연구 개발을 통한 반도체의 선진화 및 산업화 추진. 신성장 동력 마련을 위한 반도체 조명 등 적용 기술 강화
2016년 7월	국가 정보화 발전 전략 강요	선진 기술 시스템 건설 및 기초 연구 강화. 산업 생태계 협동 발전과 우수 기업 육성. 중소기업 창신 지원 및 정보 자원 규획 강화, 정보 자원 이용 수준 제고
2016년 12월	13.5 국가 전략성 신흥 산업 발전 규획	기술 핵심 산업 강화와 핵심 기초 소프트웨어 공급능력 제고. 전자기기 부속품의 업그레이드 시도. 마이크로 광전자 영역 연구 개발 등
2017년 1월	전략성 신흥 산업 중점 상품과 서비스 지도 목록	반도체, 실리콘 재료 및 화합물 반도체 재료 등을 신흥 산업 중점 상품으로 지정
2018년 3월	집성회로 생산 기업 기업소득세 정책 문제 통지 관련	2018년 1월 1일 이후 신설된 130㎚보다 작은 반도체 기업 또는 경영 기간 10년 이상의 집적회로 생산 기업 혹은 프로젝트의 경우 1~2년 기업소득세 면제와 3~5년 25% 법정세율 반감(50%) 시행 등
2018년 11월	전략성 신흥 산업 분류 2018	반도체 제조를 전략성 신흥 산업으로 편입
2019년 5월	집적회로 설계 및 소프트웨어 산업 기업 소득세 정책의 공고	조건에 부합하여 법에 근거해 설립된 집적회로 설계 기업과 소프트웨어 기업은 2018년 12월 31일 이익 연도를 기준으로 계산해 우대 기간 설정. 1~2년 기업소득세 면제와 더불어 3~5년 25% 법정세율 반감(50%) 시행 등
2020년 8월	신시대 집적회로 산업과 소프트웨어 산업의 질적 발전 촉진 정책	처음으로 명확히 중국 본토의 반도체 재료와 설비 산업의 발전을 격려한다고 언급. 재정 세무, 투자 융자 등 소프트웨어 산업의 발전과 반도체 재료 기업의 경영 환경 개선 및 반도체 재료 산업의 빠른 발전을 촉진하기 위한 정책

자료: KOTRA, SK증권

비의 국산화를 집중적으로 지원하고 있습니다.

중국 입장에서는 아쉽게도 반도체 1기 펀드의 성과가 상당히 미흡합니다. 2014년 10월 중국은 1387억 위안으로 반도체 1기 펀드를 조성하여 관련 분야를 중점적으로 지원했고, 2015년 5월에는 '중국제조 2025'라는 거대한 플랜 아래 '2025년까지 반도체 자급률 70% 달성'이라는 구체적인 목표를 설정하기도 했습니다.

그러나 시장조사기관 IC인사이츠IC Insights가 2020년 상반기에 밝힌 조사 결과에 따르면, 2019년 기준 중국의 반도체 자급률은 15.7%에 불과합니다. 중국이 중간 지표로 설정했던 '2020년까

중국의 반도체 펀드 1기 주요 투자 분야

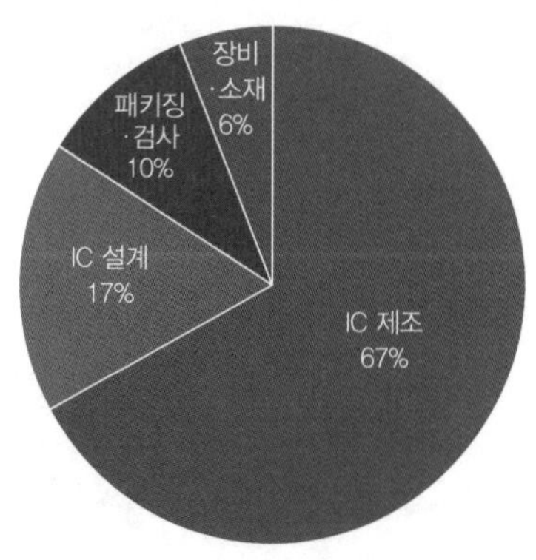

자료: SK증권

중국의 반도체 펀드 1기 IC 제조 부문 주요 투자 기업

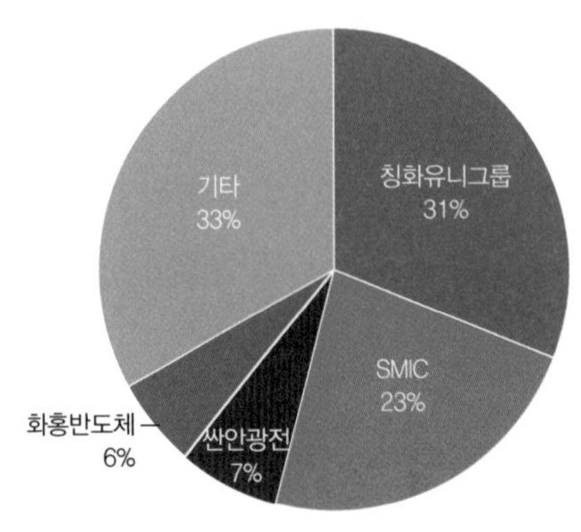

자료: 헝다연구원, SK증권

중국의 반도체 자급률(2019년 기준)

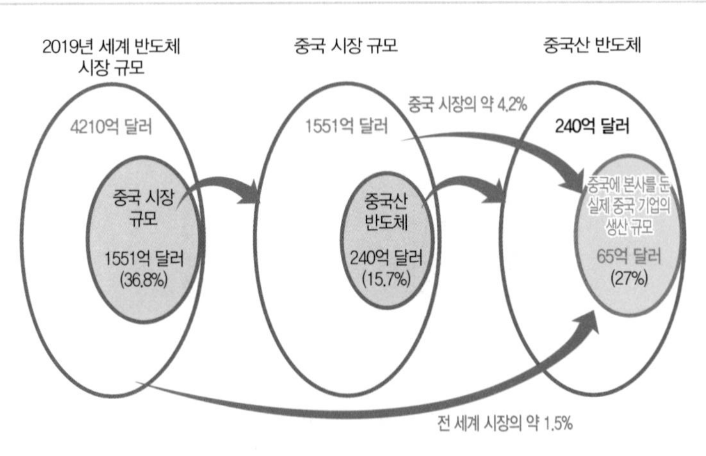

자료: 헝다연구원, SK증권

지 반도체 자급률 40% 달성'이라는 목표에도 한참 미치지 못합니다. 그리고 이 수치도 중국에 본사를 둔 실제 중국 기업의 생산 규모를 기준으로 하면 중국산 반도체는 전체 1~2%에 불과하다는 지적이 나오고 있습니다.

중국 반도체의 성과와 과제

반도체 산업 육성을 위한 중국의 노력이 아주 헛된 것만은 아닙니다. 메모리 반도체 부문에서 집중적으로 지원을 받은 YMTC는 자체적인 특허에 기반한 엑스태킹Xtacking 기술이 적용된 128단 3D 낸드를 발표했으며, 이미 발표된 64단 3D 낸드가 사용된 즈타이Zhitai SSD는 중국 내에서 나쁘지 않은 평가를 받기도 했습니다. 한편 디램 부문에서는 CXMT가 17㎚ 디램을 양산하겠다고 밝힌 바 있습니다.

그러나 현재 YMTC와 CXMT의 재무적 상황은 극도로 좋지 않고, 특허도 부족하며, 양산능력 및 수율도 글로벌 경쟁사 대비 현저하게 떨어진 상태입니다. 따라서 중국은 YMTC와 CXMT에 대한 맹목적인 지원을 지속하기보다 증자 등을 통해 자금을 투입시

웨이퍼 2장을 사용한 YMTC의 엑스태킹 기술

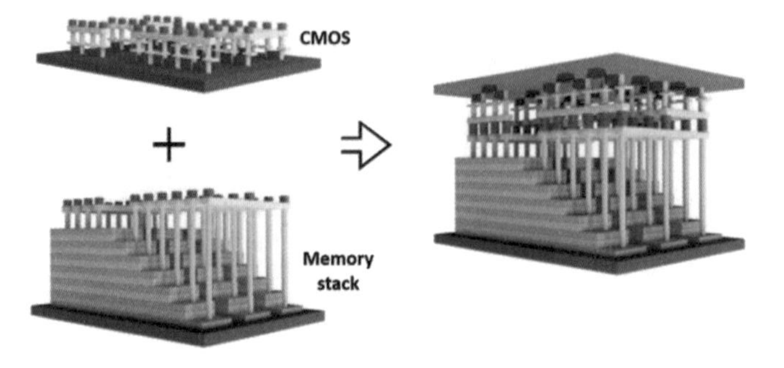

자료: YMTC, SK증권

CXMT의 디램 로드맵

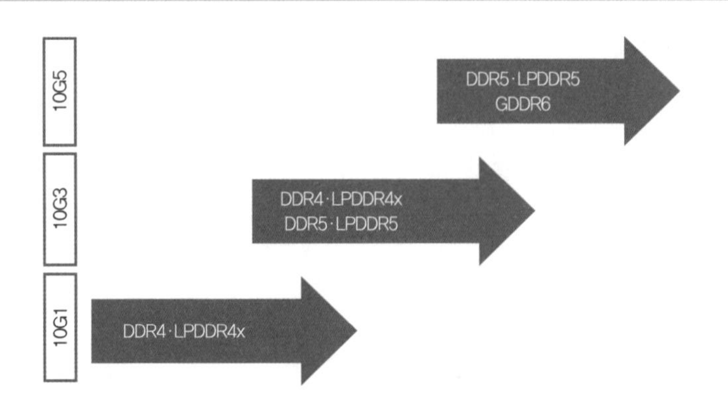

자료: SK증권

키며 경영진을 교체하는 방안을 검토할 것으로 전망됩니다.

다만, 정부 차원의 불굴의 의지에도 불구하고 중국의 반도체 산업이 글로벌 경쟁사들의 수준에 필적하기는 매우 어려울 것으로 보입니다. 가장 큰 이유는 글로벌 반도체 장비업체들과 비교했을 때 중국의 반도체 장비 산업이 질적으로 현저히 떨어지기 때문입니다. 미국이 ASML의 노광장비를 중국에 수출하지 못하게 막고 있는 것도 중국 반도체 산업의 미래를 가로막는 커다란 아킬레스건입니다. 중국이 미국은 물론 EU 국가와의 외교관계에서

정부 정책으로 가파르게 증가한 중국 반도체 특허 건수

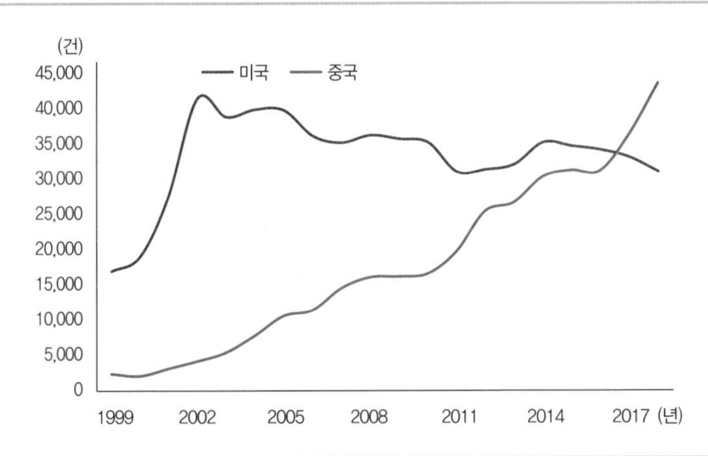

자료: 상하이실리콘지식재산권거래센터, 중국반도체산업협회, SK증권

꾸준히 증가하는 중국의 반도체 자급률

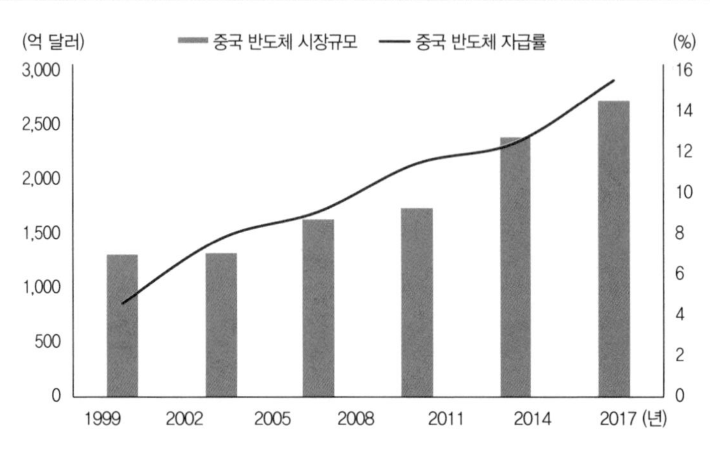

자료: 헝다연구원, SK증권

원만한 타협점을 찾지 못한다면, EUV 반입은 불가능할 것으로 전망됩니다.

중국의 예상을 뛰어넘는 미국의 거센 제재로 중국의 반도체 굴기는 한계에 봉착했습니다. 2019년 화웨이 제재를 필두로, SMIC 등 중국의 주요 반도체 업체들이 미국의 반도체 장비 관련 제재로 인해 큰 타격을 입고 있습니다. 현재 중국은 반도체 설계 분야에서 상당 수준의 진보를 이루었으나 제조 부문에서는 기술이 턱없이 부족합니다. 특히 최첨단 기술이 요구되는 선단공정에 사용

미국의 동맹국들로 구성된 EUV 핵심 부품 공급 체인

1 영국	2 US	3 독일	4 독일
진공 시스템	EUV 광원 (EUV light source)	레이저, 전원	광학 시스템
	기타 부품		

4 독일	5 네덜란드	6 일본
웨이퍼 척 (Wafer chuck)	반도체용 저장 탱크	기타 부품

자료: SK증권

중국의 Tech node별 장비 국산화 현황

장비	마스크 얼라이너	식각장비			박막형 실리콘 증착		산화물 반도체 열처리 장비	이온 주입기	CMP	세정기
		실리콘 식각 장비	금속 식각 장비	Dielectric Etching Machine	PVD	CVD				
기업	상하이 마이크로 전자	NAURA	NAURA	중웨이 반도체	NAURA	NAURA 선양뤄징	NAURA	CETC	CETC 화하이 칭커	NAURA 상하이 성메이
130nm	V	V	V	V	V	V	V	V	V	V
90nm	V	V	V	V	V	V	V	V	V	V
65nm		V	V	V	V	V	V	V		V
45nm		V	V	V	V	V	V	V		V
28nm		V	V	V	V	V	V	V		V
14nm		V	V	V	V	V	V			
7nm				V						

자료: SK증권

중국의 반도체 장비 기업 기술 현황

공정	장비 유형	기업	기술 노드(nm)
포토 공정	디스펜서 장비	선양신원(沈阳芯源)	90/65
	마스크 얼라이너	상하이마이크로전자(SMEE)	90
식각 공정	유전체 식각 장비	Advanced Micro (AMEC, 中微半导体)	65/45/28/14/7
	실리콘 식각 장비	NAURA(北方华创)	65/45/28/14
		AMEC	65/45/28/14/7
증착 공정	PVD	NAURA	65/45/28/14
	LPCVD	NAURA, 상하이츠젠반도체(上海驰舰半导体)	65/28/14
	ALD	NAURA	28/14/7
	PECVD	선양뤄징(沈阳拓荆)	65/28/14
이온주입 공정	이온주입기	베이징중커신(北京中科信)	65/45/28
세정	세정기	NAURA	65/45/28
	CMP	화하이칭커(华海清科), CETC 제45연구소, 성메이반도체(盛美股份有限公司)	28/14
	구리 도금·세정	성메이반도체	28/14
검측	OCD·박막 등	상하이루이리(上海睿励)	65/28/14
RTP	Anealing 장비 등	NAURA	65/45/28
테스트	테스트 기기, 분리기	창촨커지(长川科技), 화핑처큥(华峰测控)	-
기타	CDS, Sorter, Scrubber	즈춘커지(至纯科技), 상하이신양(上海新阳), 장이자등화장비(京仪自动化装备)	-

자료: SK증권

할 수 있는 반도체 장비는 거의 없다고 말할 수 있을 정도입니다. 따라서 실질적인 반도체 자급을 위해서는 제조 기술의 내재화가 필수적이나, 이를 위해서는 전공정 장비의 내재화가 우선적으로 요구됩니다. 글로벌 수준 대비 실력이 현저히 떨어진다고 해서 자력갱생을 포기할 수는 없기 때문입니다.

현금 살포가 아닌 선택과 집중

중국 정부는 2020년 이후에도 기존 정책을 강화하는 반도체 육성 정책을 연달아 발표했습니다. 화웨이에 대한 제재가 현실화된 2020년 8월 이후, 중국 정부는 처음으로 명확히 반도체 재료와 설비 산업의 발전을 격려한다고 언급했으며, 재정 세무, 투자 융자 등 반도체 기업 육성을 위한 각종 혜택을 강화했습니다. 세금 감면 혜택의 경우 기존에 비해 대상 기업 범위가 넓어졌고, 세금 감면 기간 역시 증가했으며, 세금 혜택 대상 기업을 선정함에 있어 기준이 되는 지적재산권과 연구개발비 지출 규모를 특히 자세하게 제시했습니다.

중국이 2020년 8월에 발표한 '신시대 집적회로 산업과 소프트

2020년 이후 중국 정부의 반도체 육성 정책

발표 시기	정책 명칭	주요 내용
2020년 8월	신시대 집적회로 산업과 소프트웨어 산업의 질적 발전 촉진 정책	처음으로 명확히 중국 본토의 반도체 재료와 설비 산업의 발전을 격려한다고 언급. 재정 세무, 투자 융자 등 소프트웨어 산업의 발전과 반도체 재료 기업의 경영 환경 개선 및 반도체 재료 산업의 빠른 발전을 촉진하기 위한 정책
2020년 12월	집적회로 산업 및 소프트웨어 산업의 고품질 발전 촉진을 위한 기업소득세 정책에 관한 공고	중국 정부가 정한 기준에 따라 반도체 및 소프트웨어 기업에 대한 소득세 감면 내용 포함. 반도체의 경우 공정 미세화 정도, 경영 기간에 따라 소득세 차등 감면. 공정 미세화는 28㎚, 65㎚, 130㎚를 기준으로, 경영 기간은 10년과 15년을 기준으로 기업소득세 50% 감면에서부터 면제까지 차등 적용
2021년 2월	세수 우대를 받는 반도체 및 소프트웨어 기업 리스트 제정	직전 발표한 세금 감면 혜택을 구체적으로 적용하기 위해 세금 혜택 적용 대상이 되는 기준과 방법을 구체적으로 명시. 기준에는 미세 공정 기술력, 지리적 위치, 지적재산권 보유 여부, 매출액 대비 연구개발비 등이 포함. 연구 개발과 관련한 기준을 특히 상세하게 제시

자료: 중국 정부, SK증권

웨어 산업의 질적 발전 촉진 정책'에는 이러한 내용들이 고스란히 담겨 있습니다. 중국 정부는 세제, 투자 및 융자, 연구 개발, 지적재산권 등 8개 방면에 대한 정책 조치를 제시했는데, ① 공정 기술력과 경영 기간에 따라 법인세를 감면해주는 등의 조세 혜택, ② 조건에 부합하는 반도체 및 소프트웨어 기업의 상장 심사 절차 간소화, ③ 정보기술 서비스 산업 클러스터와 반도체 산업 클러스터 건설 지원, ④ 핵심 기술 개발에 대한 국가 지원과 지적재산권을 담보로 한 융자 지원 등 기술 개발 장려 등이 포함되어 있습니다.

중국은 지방정부의 투자 여력이 좋지 않은 상황에서 향후 BAT로 대표되는 중국의 거대 테크 기업들을 반도체 산업 육성에 잘 활용해야 하며, 돈이 많이 풀려 있는 주식시장을 보다 잘 활용할 필요가 있습니다.

BAT와 같은 중국의 거대 테크 기업들이 자회사를 설립하면 또 다른 방식으로 지원을 받을 수 있습니다. 2020년 12월에 발표된 '세금 우대를 받는 반도체 및 소프트웨어 기업 리스트 제정'에는 세금 감면 정책과 관련된 내용들이 더욱 구체화되었습니다. 정부가 특정 기업에만 지원을 해주는 방식이 아니라, ① 세금 감면 조건에 부합하는 기업이 정부기관에 직접 세금 감면을 신청하는 방식을 도입했고, ② 세금 혜택 적용 대상이 되는 기준을 구체적으로 제시하였으며, ③ 세금 혜택 적용 기준에는 미세 공정 기술력, 지리적 위치, 지적재산권 보유 여부, 매출액 대비 연구개발비 등이 포함되었습니다. ④ 특히 연구 인력, 연구개발비 지출과 관련한 기준을 제시해 기술력 확보를 중심으로 정책을 시행하겠다는 것이 핵심입니다.

중국의 반도체 굴기는 많은 부작용을 낳기도 했습니다. '헬리

반도체 제조 기업 세금 혜택 적용 기준

기준	상세 기준
매출액 구성	매출액 대비 반도체 제조 및 판매 매출 60% 이상
미세 공정 기술력	28㎚ 이하, 65㎚ 이하, 130㎚ 이하
연구 인력 구성	월 평균 총직원 수 중에서 연구 개발 인력 비율 20% 이상
연구개발비	매출액 대비 연구개발비 2% 이상 지출
지적재산권	핵심 기술과 독자적인 지적재산권을 보유하고 있으며 이를 기반으로 한 사업 영위

자료: 중국 정부, SK증권

반도체 설계 기업 세금 혜택 적용 기준

기준	상세 기준
매출액 구성	매출액 대비 반도체 설계 및 판매 매출 70% 이상
매출액 규모	결산 기준 IC칩 설계 매출 5억 위안 이상
연구 인력 구성	월 평균 총직원 수 중에서 연구 개발 인력 비율 50% 이상
연구개발비	매출액 대비 연구개발비 6% 이상 지출
지적재산권	핵심 기술과 독자적인 지적재산권을 보유하고 있으며 특허 발명, 레이아웃 디자인 등록, EDA 관련 소프트웨어 저작권 수 8개 이상

자료: 중국 정부, SK증권

콥터에서 돈 뿌리기'라는 이야기가 나올 정도로, 명확하지 않은 기준으로 투자 규모가 큰 기업들에 대한 대규모 자금 지원을 중시했습니다. 대표적인 사례가 바로 HSMC(우한홍신반도체제조)의 파산입니다.

HSMC는 2017년 11월 중국 최초로 7㎚ 이하 미세 공정을 도입해 첨단 시스템 반도체를 위탁생산하여 중국 파운드리 산업의 새로운 지평을 열겠다는 취지로 설립된 회사입니다. 대만 TSMC의 CTO(최고기술책임자)였던 장상이를 영입했고, 지방정부로부터 약 22조 3000억 원의 투자를 받기도 했습니다. 그러나 HSMC의 창업자 리쉐예과 카오산은 반도체 산업과는 무관한 인물이었으며, 지금은 잠적한 것으로 알려져 있습니다.

2020년 HSMC의 처절한 실패가 알려지고, 창업자들이 잠적하면서 우한시 정부가 인수에 나서기도 했지만, 2021년 3월 HSMC는 '작업과 생산을 재개할 계획이 없다'고 공지하며, 남아 있던

▲ 2021년 1분기에 파산해 건설이 중단된 HSMC 파운드리 팹

반도체 기업 세금 혜택 적용 조건 및 우대 항목

기업 유형	우대 항목	적용 조건	비고
집적회로 생산 기업(프로젝트)	10년 면세	선폭 28nm 이하 운영 기간 15년 이상	• 대상 기업 목록 관리 • 기업의 경우 수익 연도부터 우대 기간 계산 • 프로젝트의 경우 최초 생산 운영 수익 연도부터 우대 기간 계산
	5년 면세 + 5년 반감	선폭 65nm 이하 운영 기간 15년 이상	
	2년 면세 + 3년 반감	선폭 130nm 이하 운영 기간 10년 이하	
	10년 결손 이월	선폭 130nm 이하 정산 연도 이전 5개 납세 연도에 발새안 결손금에 속함	
집적회로, 설계, 설치, 재료, 패키징 및 검사 기업 및 소프트웨어 기업	2년 면세 + 3년 반감	-	• 사후 관리 • 수익 연도부터 우대 기간 계산
중점 집적회로 설계 기업 및 소프트웨어 기업	5년 면세 그 후 10% 세율 적용	-	• 목록 관리 • 수익 연도부터 면세 기간 계산

자료: 중국 정부, SK증권

240여 명의 임직원에게 퇴사를 요구했습니다. 현재 HSMC 사례는 지방정부의 보조금을 노린 사기극이라는 평가를 받고 있습니다.

엄청난 수업료를 지불한 과거의 실패를 극복하고, 보다 효율적인 반도체 산업 육성을 위해 2021년 2월에 발표된 '반도체 산업 고품질 발전 촉진을 위한 기업소득세 정책에 관한 공고'는 반도체 기업에 대한 세금 혜택 적용 기준과 우대 항목을 더욱 구체화시켰습니다. ① 집적회로 산업 및 소프트웨어 산업에 속한 기업에 대한 법인세 정책을 명확히 제시하고, ② 법인세 감면 기준에는 미세 공정 기술력, 경영 기간 등이 포함되어야 하며, ③ 조건에 부합하는 기업에 법인세 50% 감면에서부터 법인세 면제까지 지원하고, ④ 세금 혜택 적용 기간은 2년, 3년, 5년, 10년으로 조건에 따라 차등 적용하는 것을 골자로 하고 있습니다.

CHIP WAR

PART 6

미국의 반도체 제조 굴기

탈세계화 시대의 G2: 미국의 전략과 과제

미국과 중국의 패권 다툼은 어제오늘 일이 아닙니다. 그러나 미국은 트럼프 정부 시절 중국을 보다 분명하게 자국의 입지를 위협하는 국가로 낙인찍고 공격을 개시했습니다.

1라운드는 불공정한 무역에 대해 3단계에 걸친 각종 관세 부과 조치와 2019년 8월에 있었던 환율조작국 지정으로 대표되는 무역 분쟁, 2라운드는 화웨이의 숨통을 조이고 중국 테크 기업들을 블랙리스트로 지정해 통제한 기술 분쟁입니다. 이러한 과정을 통해 반도체 밸류체인 내에서 미국 기업들의 중국 상대 거래 금지, TSMC의 화웨이 제품 생산 금지, 희토류 등 전략 물자 수입 제한 등이 이루어졌습니다.

3라운드에 걸친 미국과 중국의 패권 다툼

1라운드: 무역 분쟁	**불공정한 무역에 대한 제한 조치, 재무부 반기 환율 보고서 활용** – 상호 간 3단계에 걸친 각종 관세 부과 조치, 2019년 8월 중국에 대한 미국의 환율조작국 지정
2라운드: 기술 분쟁	**화웨이의 숨통 조이기, 테크 기업 블랙리스트 지정 및 통제, 안보, 통신 인프라** – 반도체 밸류체인 내에서 미국 기업들의 중국 상대 거래 금지, TSMC의 화웨이 제품 생산 금지, 희토류 등 전략 물자 수입 제한
3라운드: 체제 경쟁	**바이든 시대의 키워드는 ① 민주주의, ② 동맹주의, ③ 다자주의** – 이러한 설정은 중국이 권위주의적이고 배타적인 국가로 규정되어 있기 때문

자료: SK증권

그리고 바이든 시대의 키워드는 민주주의, 동맹주의, 다자주의입니다. 이러한 설정은 중국이 권위주의적이고 배타적인 국가로 규정되어 있기 때문입니다. 따라서 새로 시작되고 있는 미국과 중국의 패권 다툼 3라운드는 무역 분쟁과 기술 분쟁을 넘어선 체제 경쟁으로 정의할 수 있습니다.

현재 미국의 국내정책위원회 국장을 맡고 있는 수잔 라이스Susan Rice와 국가안보 보좌관을 맡고 있는 제이크 설리번Jake Sullivan은 과거 오바마 정부 시절에 중용되었던 인물입니다. 이는 국내 정책과 대외 정책을 좌우할 중요한 보직에 외교와 안보에 두루 강한 인물을 재임명한 사례입니다.

제이크 설리번이 2020년 5월 외교 전문지 《포린폴리시Foreign Policy》에 기고한 내용을 살펴보면 그는 '① 중국은 소련보다 경제적으로 강력하고 외교적으로 더 정교하다, ② 중국은 세계 수많은 나라와 폭넓고 깊게 얽혀 있다, ③ 전 세계 국가의 3분의 2가 중국을 최대 무역 파트너로 삼는다'라는 인식을 가지고 있습니다. 중국을 견제하기 위한 그의 대중 전략은 '① 중국을 인정하되 동맹을 부활시켜 중국을 견제한다, ② 중국의 팽창에 맞서도록 국제사회를 집결시킨다, ③ 미국의 동맹국들이 그렇게 하도록 유도한다'로 요약할 수 있습니다.

이러한 전략적 방향성을 감안하면, 미국은 과거 트럼프 정부의

국내 정책

상호 보완
공통 분모는
외교 전문가

대외 정책

수잔 라이스

- 현 국내정책위원회(DPC) 국장
- 오바마 정부 시절 국가안보 보좌관 (2013~2017년)
- 오바마 정부 시절 유엔 주재 미국 대사 (2009~2013년)

제이크 설리번

- 현 국가안보 보좌관
- 오바마 정부 시절 바이든 부통령 안보 보좌관
- 2008년 선거 당시 힐러리 캠프 → 오바마 수행 보좌관
- 오바마 1기, 힐러리 국무장관의 정책기획 국장

'America First'에서 'Alliance First'로: 세계화로의 회귀가 아닌 '탈세계화'

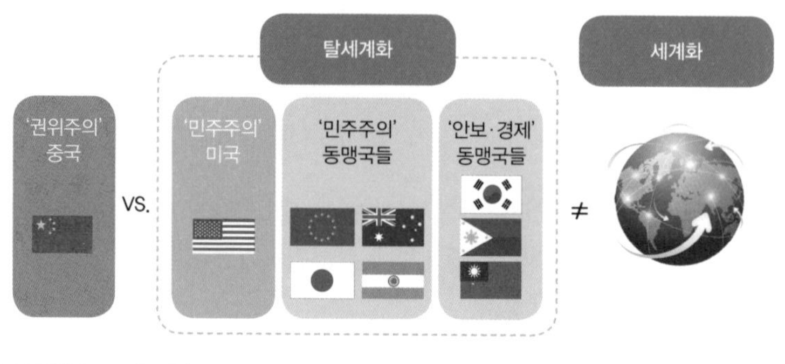

자료: SK증권

'America First'라는 단순한 전략에서 벗어나 대외적으로 'Alliance First'로의 전환이 예상되며, 중국을 견제하기 위한 블록화가 빠르게 이루어질 것임을 예상할 수 있습니다.

특히 트럼프 정부의 '보호주의'와 대비되는 '다자주의'를 제대로 이해하기 위해서는 '민주주의'와 '동맹주의'를 이해해야 할 것이며, 재세계화Re-globalization보다는 탈세계화와 블록화에 가까운 것으로 보아야 할 것입니다. 물론 동맹을 주도하는 국가는 미국이어야 한다는 측면에서 보면, 'America First'의 기조는 유지될 전망입니다.

따라서 미국이 반드시 추진해야 할 것은 중국에 맞서 G1의 지

바이든 정부의 제조업 부흥 공약

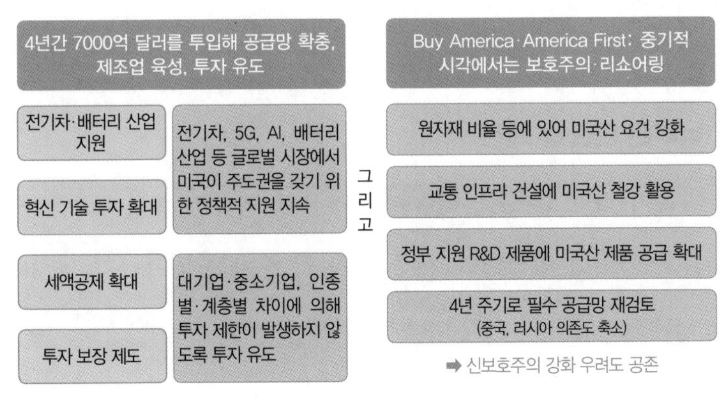

자료: Joebiden.com, SK증권

위를 유지하기 위한 경제 재건입니다. 이는 바이든 정부가 내세우고 있는 '더 나은 재건Build back better'이라는 슬로건과 연결됩니다. 이 슬로건의 표면적인 의미는 미국 경제의 재건에 맞추어져 있습니다. 즉 ① 경기 부양, ② 제조업 육성, ③ 인프라 투자에 대한 적극적인 정책 의지를 나타내고 있습니다. 표면적 의미 못지않게 실질적 내용이 중요한데, 이는 ① 원산지 규정 강화, ② 미국 기업 우선 정책, ③ 신보호주의가 필연적으로 도입될 것을 의미합니다.

미국의 최우선 과제

낙후된 인프라 개선

미국이 가야 할 길은 분명해 보이지만, 미국이 해결해야 할 과제들도 산적해 있습니다. 그중 가장 큰 문제는 인프라가 심각하게 낙후되어 있다는 것입니다.

4년 주기로 발표하는 전미엔지니어링협회ASCE, American Society of Civil Engineering의 '미국 공공 인프라 평가 보고서(2017년)'에 따르면, 미국 인프라 시설은 전 분야에 걸쳐 평균 D+등급으로, 재건이 시급합니다. 세계경제포럼World Economic Forum의 국가경쟁력지수는 미국의 공공 인프라를 주요 경쟁국인 일본(9위)과 독일(11위)보다 낮은 수준인 16위로 평가했습니다.

2016년부터 이어진 10년(2016~2025년) 동안 인프라 개보수·신설에 총 3조 3000억 달러가 필요하나, 현재 1조 4000억 달러가 부족해 목표 달성과는 거리가 있습니다. 그리고 2040년까지 총 10조 8000억 달러가 필요하나 5조 2000억 달러가 부족한 상황입니다. 트럼프 정부 때부터 끊임없이 인프라와 제조업, 일자리의 중요성을 강조했지만 아직까지 미국의 투자는 부진한 상태입니다.

낙후가 심각한 미국의 공공 및 제조업 인프라

미국 공공 인프라 건설 수요 및 투자

단위: 10억 달러

기간	구분	육상 교통	상하수도	전력	공항	수로 /항만	전체
2016 ~ 2025년	투자 수요	2,042	150	934	157	37	3,320
	예상 투자	941	45	757	115	22	1,880
	투자 부족	1,101	105	177	42	15	1,440
2016 ~ 2040년	투자 수요	7,646	204	2,458	376	112	10,796
	예상 투자	3,312	52	1,893	288	69	5,614
	투자 부족	4,334	152	565	88	43	5,182

자료: 전미엔지니어링협회

미국 공공 인프라 낙후에 따른 경제 손실

단위: 10억 달러/개

기간	GDP	기업 매출	일자리
2016~2025년	3,955	7,038	2,456,000
2016~2040년	14,201	29,292	5,809,000

자료: 전미엔지니어링협회

- [경제 손실] 미국 공공 인프라 낙후로 인해 발생한 경제 손실은 2025년까지 GDP 3조 9000억 달러, 기업매출 7조 달러, 일자리 250만 개에 달해 평균 3400달러의 가계 부담이 발생할것으로 분석

자료: KOTRA, SK증권

미국의 인프라 시설 평가 결과

구분	평가 결과				
	2017년	2013년	2009년	2005년	2001년
도로	D^+	D	D^-	D	D^+
교량	C^+	C^+	C	C	C
철도	B	C^+	C^-	C^-	–
공항시설	D	D	D	D^+	D
내륙수로	D	D^-	D^-	C^-	D^+
항만	C^+	C	–	–	–
상수도	D	D	D^-	D^-	D
하수도	D^+	D	D^-	D^-	D
에너지	D^+	D^+	D^+	D	D^+
댐	D	D	D	D	D
유해폐기물	D^+	D	D	D	D^+
고형폐기물	C^+	B^-	C^+	C^+	C^+
학교	D^+	D	D	D	D^-
전체 평가	D^+	D^+	D	D	D^+

자료: 전미엔지니어링협회, SK증권

부진한 리쇼어링 정책과 제조 부문의 공동화

국제적 분업과 협업은 1970~1980년대 이후 비교 우위 원리에 의해 확장되었으며, 2000년대 중국의 성장으로 극대화되었습니다. 선진국들은 고부가가치 산업에 몰두했으며, 노동집약적 산업으로 분류된 제조업은 중국으로 몰렸습니다. 그리고 이러한 과정에서 미국의 GDP 대비 제조업이 갖는 부가가치의 비중과 미국의 전체 일자리에서 차지하는 제조업의 비중은 지속적으로 감소했습니다.

2008년 금융위기 이후 제조업 부문의 공동화는 심각한 사회 문제로 인식되기 시작했습니다. 2010년에 리쇼어링Reshoring(제조업의 본국 회귀)을 위한 유인책을 제시하기도 했지만, 전반적으로 지난 10년간 미국 GDP에서 제조업이 차지하는 비중은 유의미하게 변화하지 못하고 있습니다.

세계화라는 기치하에 초래된 미국의 제조업 공동화 현상은 이제 부정적 측면이 훨씬 더 부각되고 있습니다. 미국에서는 『메이드 인 차이나 없이 살아보기A Year Without Made in China』라는 책이 출간되기도 했고, "미국은 스스로 연필 한 자루도 만들 수 없다"라는 한탄이 나오고 있는 상황입니다. 따라서 이미 절대적으로 열세에 처한 제조업을 리쇼어링하기 위해 ① 법인세율 인하, ② 공장 이전 비용 지원, ③ R&D 비용 감세, ④ 현지 주민 고용 기업 세제 혜택 등이 필수적인 정책 수단이 될 것입니다.

미국 경제가 부활되려면 단순히 소비 회복만을 고려할 것이 아니라, 정부 차원에서 제조업 부문 육성 의지를 가져야 합니다. 기존 공장들의 가동률을 높여 효율을 제고하는 것도 중요하지만,

지속적으로 하락해온 미국 제조업의 부가가치와 일자리 비중

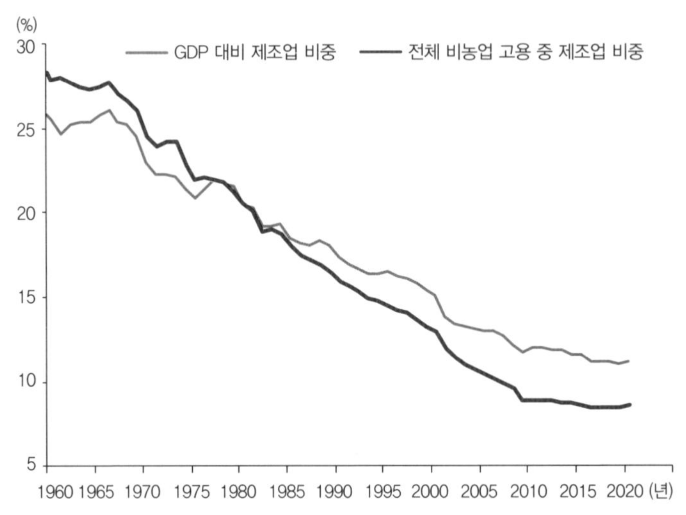

자료: 미국 노동부, SK증권

제조업 공동화의 장단점

장점	단점
• 산업의 고도화 • 개도국과의 분업 확대 • 돌파형 기술 혁신 유발 • 서비스업, 첨단 제조업 경쟁력 자극 • (상품 가격 하락으로 인한) 소비자 후생 증대	• 생산 감소 • 실업 증가 • 개량형 기술 혁신 저해(기술의 공동화) • 수입 증가와 환율 불안 초래 • 지방 경제 악화

자료: LG경제연구원, SK증권

미국으로의 리쇼어링을 확대하고 새로운 제조업 생산 능력과 효율을 빠르게 증가시킬 수 있는 정책 수단을 강력하게 추진해야 합니다. 또한 앞으로 가장 빠르게 성장할 수 있는 분야를 미국에서 직접 생산하게 하기 위한 정책적 지원이 보다 직접적이고 강하게 추진되어야 합니다.

코로나19가 불러온 반도체 공급 부족

2020년 하반기부터 대두된 반도체 공급 부족이 2021년 상반기에 전 세계 제조업을 강타했습니다. 반도체 조달이 어려워지면서 글로벌 완성차 업체들은 앞다퉈 생산량을 감축하고 있습니다. 절대적인 반도체 공급 부족 상황에서 미국과 EU 국가들은 대만의 TSMC에 공급능력 확대를 촉구하고 있습니다. 그 이유는 무엇일까요? 미국과 EU 국가들의 반도체 생산능력이 현저하게 감소하고 있으며, 단기에 공급 능력을 늘릴 수 없기 때문입니다.

반도체 공급 부족으로 인한 글로벌 완성차 업체들의 생산 차질

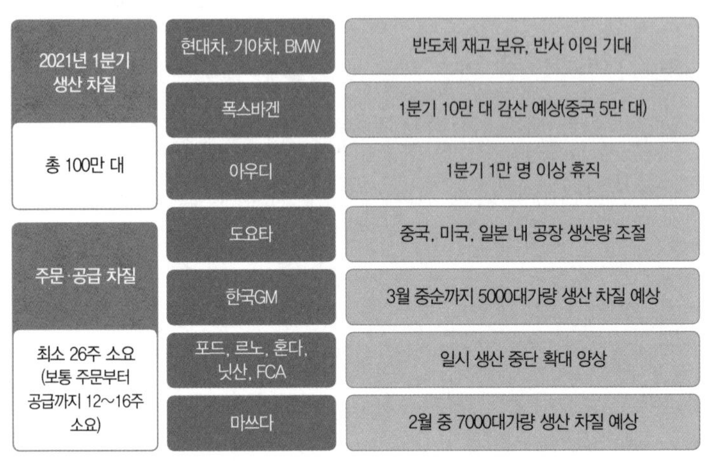

자료: 머니투데이, SK증권

2021년 1분기 글로벌 완성차 업체 생산량 감소 예측

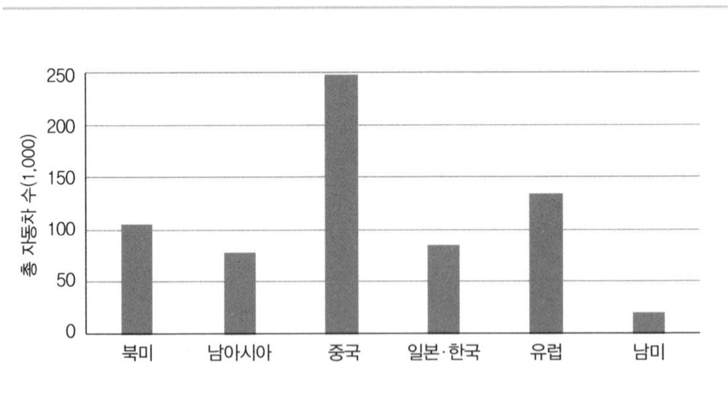

자료: HIS Market, SK증권

반도체 제조 부문에 대한 미국의 위기의식

미국의 여론조사 전문 기관 퓨리서치센터Pew Research Center가 2020년 10월에 공개한 자료를 보면, 중국에 대한 호감도를 묻는 질문에 '비호감'이라고 응답한 비율이 73%를 기록했습니다. 이는 사상 최고치였습니다. 미국과 중국의 대립이 격화되고 있는 가운데, 코로나19로 인해 중국의 이미지가 나빠진 것이 결정타였던 것으로 분석됩니다. 이는 비단 미국뿐 아니라 대부분의 동맹국에서 공통적으로 발생하고 있는 현상입니다. 이러한 현상을 '차이나 포비아China Phobia(중국 혐오, 공포증)'라 부릅니다.

여기서 한 발 더 나아간 것이 서방 기업의 탈脫 중국과 '차이나 머니'에 대한 투자 제한 조치이며, '더 이상 중국과는 더불어 살 수 없다'라는 의식은 중국의 경제적 패권을 견제할 '극중克中 전략'으로 이어집니다.

2020년 미국 반도체산업협회SIA, Semiconductor Industry Association는 매우 의미심장한 정책 보고서를 발간했습니다. 2030년 중국이 전 세계 반도체 생산능력의 24%를 차지하며, 세계 반도체 산업의 패권을 차지할 것이라는 내용이었습니다.

중국에 대한 국가별 호감도

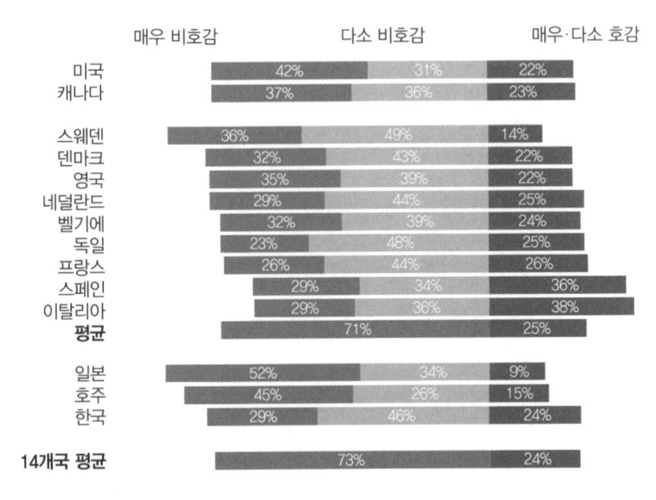

자료: 퓨리서치센터, SK증권

◀ 독일 최대 언론 매체인 빌드(Bild)는 시진핑을 향해 '당신은 온 세상을 위험에 빠트리고 있다'라며 매우 공격적인 어조로 비판했다.

미국이 경쟁국 대비 부족한 점은 크게 4가지로 지적됩니다. ① 인건비, ② 정부 지원책, ③ 자본 투자, ④ 열악한 인프라가 바로 그것입니다. 이 중 인건비는 공장을 운영하는 데 필요한 비용OPEX, Operating Expenses입니다. 미국 정부의 강력한 스마트 제조Smart Manufacturing 관련 정책이 나올 것으로 기대되지만, 미국에 공장을 유치하기 위해서는 그 전에 정부 지원책이 우선되어야 합니다. 따라서 미국은 절대적으로 취약한 반도체 생산능력을 증설하기 위해 강력한 인센티브 정책을 수립하고, 열악한 인프라를 우선적으로 개선하는 데 집중할 것입니다.

국가별 반도체 제조 생산능력 추이 및 전망(미국의 반도체 육성 정책이 없을 경우)

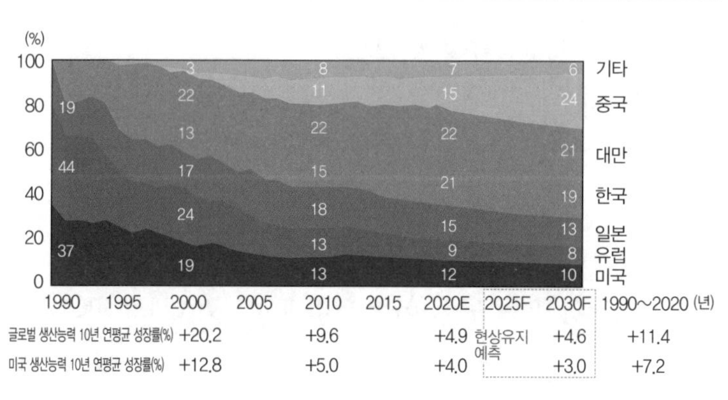

자료: SIA, SK증권

미국이 경쟁국 대비 부족한 4가지

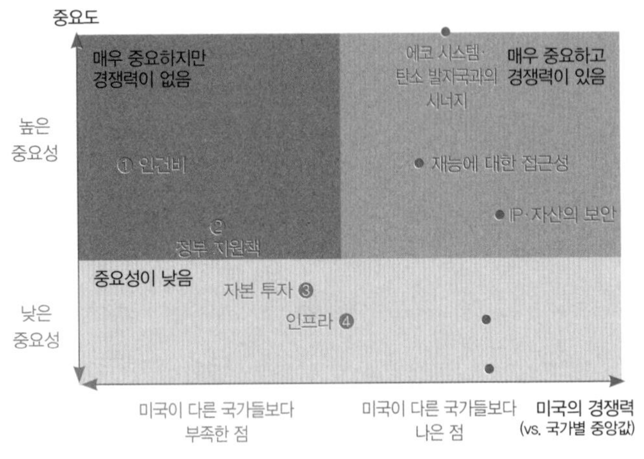

자료: SIA, SK증권

총소유비용 관점에서 본 반도체 팹의 조건

반도체를 생산하기 위해서는 우선 고정자산에 대한 투자, 설비 투자CAPEX, Capital Expenditure가 필요합니다. 미국 반도체산업협회에 따르면 CPU, GPU, AP 등의 Advanced Logic을 만들기 위한 파운드리 공장을 짓고, 월 3만 5000장(35K)의 제조 설비를 들여놓으려면 200억 달러가 필요

총소유비용을 결정하는 제품별 주요 요인

	ADVANCED LOGIC	ADVANCED MEMORY	ADVANCED ANALOG
주요 제품군	모바일 프로세서, AI 시스템, 슈퍼컴퓨터	모바일용 고성능 플래시 메모리, PC, 데이터 센터	전기차 및 전동 이동수단용 PMIC, 재생에너지 관련 칩 등
생산 기술	• 12인치 웨이퍼 • 5㎚ 공정	• 128단 3D 낸드 • 12인치 웨이퍼 • 20㎚ 공정	• 12인치 웨이퍼 • 65㎚ 공정
생산능력(웨이퍼/월)	35,000	100,000	40,000
종사자 수(명)	~3,000	~6,000	~3,000
자본 투자(10억 달러)	~20	~20	~5

자료: SIA, BCG, SK증권

하다고 합니다. 128단 기준 3D 낸드를 생산하기 위한 공장을 짓고, 월 10만 장의 제조 설비를 들여놓으려 할 때도 200억 달러가 필요합니다. 최근 이슈가 되고 있는 전기차 및 전동 이동수단용 PMIC, 재생에너지 관련 반도체 등을 만드는 Advanced Analog 공장을 짓는 데에는 월 4만 장 기준으로 50억 달러가 투자되어야 합니다.

미국이 준비해야 할 반도체 제조 굴기의 기본은 주요 반도체 생산 기업들이 미국에 공장을 지을 수 있도록 인센티브를 부여하는 정책을 만드는 것입니다. 반도체 공장을 돌리려면, 우선 공장

반도체 기업들의 총소유비용에 큰 영향을 미치는 정부 지원책

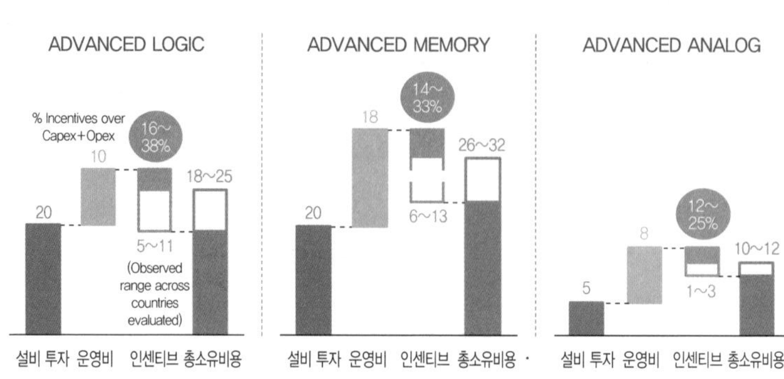

자료: SIA, BCG, SK증권

을 설립해야 하지만 운영비도 무시할 수 없습니다. 따라서 미국의 반도체 제조 굴기는 기업들의 설비 투자CAPEX 지원은 물론, 이를 운영하는 데 따르는 운영비OPEX에 대한 공제도 중요합니다. 설비 투자와 운영비를 동시에 감면해주어야만 중국으로 몰릴 수 있는 반도체 생산 시설을 미국에 유치하는 것이 가능합니다.

미국 반도체산업협회와 보스턴컨설팅그룹BCG, Boston Consulting Group의 분석에 따르면, 미국에서 공장을 설립하고 운영하는 데 필요한 총소유비용TCO, Total Cost of Ownership이 중국은 물론, 한국 및 대만과 비교해도 현저하게 높습니다. 여기서 주목해야 하는 것은 중국의

경쟁국 대비 높게 나타난 미국 팹의 총소유비용

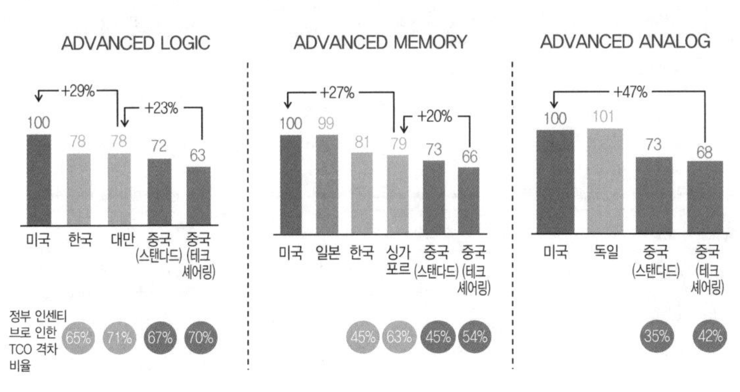

자료: SIA, BCG, SK증권

총소유비용을 스탠다드Standard와 테크 셰어링Tech Sharing으로 표준모델을 나누었다는 점입니다. 중국은 국가 반도체 R&D에서 정부가 차지하는 비중이 전 세계에서 압도적으로 높습니다. 그리고 국가 주도로 개발한 기술들을 생산 기업들과 공유하는 사례가 흔하게 발생하고 있습니다. 따라서 미국이 중국과의 격차를 벌리기 위해서는 미국이 직접적인 지원뿐 아니라 다양한 형태의 간접적 지원도 늘릴 필요가 있습니다.

우선 직접적인 지원비를 계산해보겠습니다. 미국에서 반도체 제조 라인을 설립할 때 정부에서 지원해주는 비율은 대략

정부 지원책으로 큰 폭의 비용 감면 효과(단위: %)

	미국	일본	한국	대만	싱가포르	아시아 평균	중국	독일	이스라엘
설비 투자 감소									
토지	50	75	100	50	100	85	100	100	75
설비	10	10	45	45	25	33	65	35	45
장비	6	10	20	25	30	20	35	5	30
운영비 감소									
인건비 등	5	5	5	5	15	7	33	7	5
세금 감소									
법인세	–	–	60	–	35	30	75	–	74
주세	100	–	–	–	–	–	–	–	–
재산세	100	100	100	–	–	60	–	–	–
합계	10~15	~15	25~30	25~30	25~30	~25	30~40	10~15	~30

자료: BCG, SK증권

10~15%입니다. 이 수치는 전 세계 국가들 중 가장 낮습니다. 반면 중국에 투자할 경우 받게 되는 지원 비율은 30~40%에 달합니다. 미국에서 받을 수 있는 보조금의 최고치가 15%, 중국에서 받을 수 있는 보조금의 최저치가 30%라고 한다면, 경제적 이유로 중국에 가야 할 공장들을 미국에 유치하기 위해 지급해야 하는 보조금은 최소 15%가 될 것입니다. 앞서 언급했듯 Advanced Analog을 생산할 수 있는 반도체 공장의 설비 투자가 200억 달러

를 기준으로 하고 있음을 감안하면, 공장 설립 건당 30억 달러의 보조금이 지원되어야 하는 것입니다.

획기적으로 증가할 미국의 국가 반도체 R&D

미국과 중국의 반도체 R&D 투자는 상반된 구조를 가지고 있습니다. 미국은 민간기업들이 R&D를 주도하고 있어 정부의 반도체 R&D 투자가 전체에

민간기업 대비 매우 부족한 미국 정부의 반도체 R&D 투자 규모

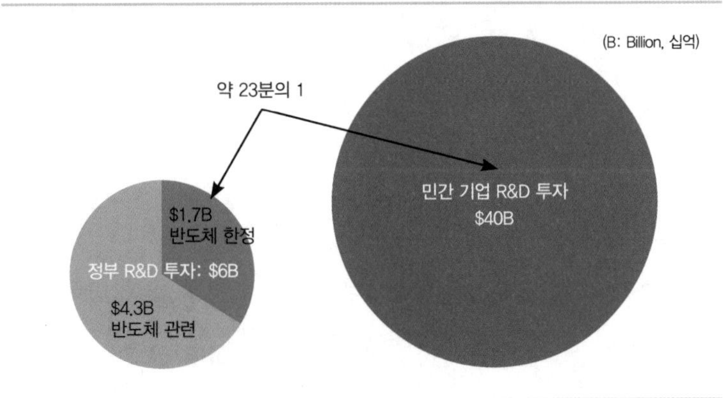

자료: SIA, SK증권

GDP 관점에서 본 민간기업 대비 미국 정부의 R&D 투자 비중

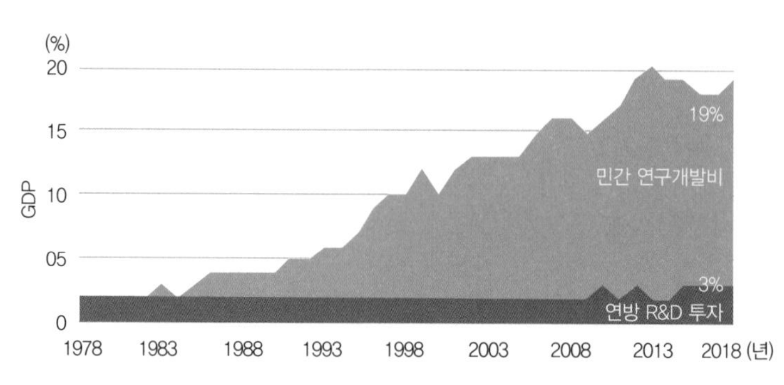

자료: SIA, SK증권

서 차지하는 비중이 4% 수준에 불과합니다. 반면 중국은 대부분의 민간기업이 재정난을 겪고 있으며, 기존에 보유한 기술력이 높지 않아 정부 주도의 반도체 R&D가 이루어지고 있습니다.

2021년 1월 중국 국무원 리커창 총리는 전국인민대표대회 업무 보고에서 2021년부터 시작되는 14차 5개년(2021~2025년) 기간에 8대 산업을 전략적으로 육성하겠다고 공개적으로 선언했습니다. 중국이 집중적으로 육성하겠다는 8대 산업은 ① 희토류 등 신소재, ② 고속철·대형 LNG 운반선·C919 대형 여객기 등 중대 기술 장비, ③ 스마트 제조 및 로봇 기술, ④ 항공기 엔진, ⑤ 베

전체 반도체 R&D 투자 중 정부 투자 비중

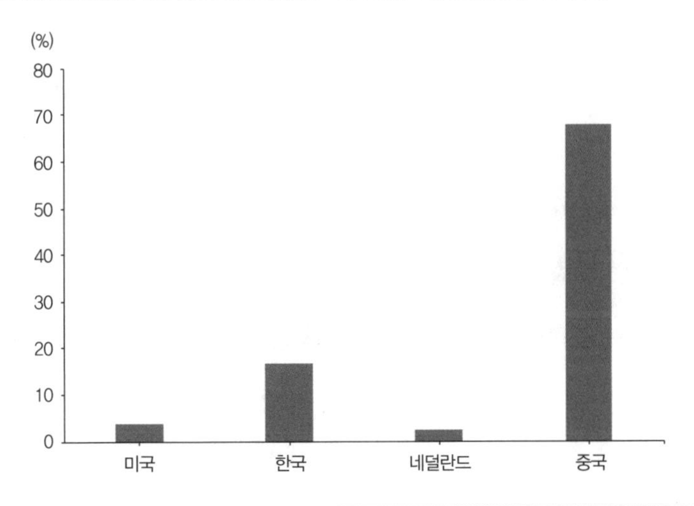

자료: SK증권

미래 반도체 기술력 주도권의 핵심이 될 기술과 적용 분야

핵심 기술	적용 분야
AI	자율주행, 의료, 에너지 관리, 교육, 금융, 스마트홈, 제조, 재고 관리, 운송 등 사실상 모든 분야
양자컴퓨팅	AI 등 고성능 컴퓨팅 파워를 요구하는 모든 분야
무선통신	IoT, 자율주행, 클라우드 컴퓨팅 등
IoT	자율주행, 의료, 에너지 관리, 스마트홈, 농축수산, 운송 등

자료: SK증권

이더우 위성 위치 확인 시스템 응용, ⑥ 신에너지 차량 및 스마트 카, ⑦ 첨단 의료 장비 및 신약, ⑧ 농업 기계입니다. 그리고 이러한 산업을 육성하기 위한 R&D는 7개 첨단 기술 영역 ① 인공지능, ② 양자정보(양자컴퓨팅), ③ 집적회로, ④ 뇌과학, ⑤ 유전자 및 바이오 기술, ⑥ 임상의학 및 헬스케어, ⑦ 우주·심해·극지 탐사를 선정했습니다.

미국도 중국에 뒤질 수 없습니다. 인공지능, 양자컴퓨팅, 인지컴퓨팅, 사물인터넷 등의 분야에서 중국을 앞서야지만 제4차 산업혁명 시대의 유일한 패권국으로 남을 수 있기 때문입니다. 그렇게 되기 위해서 가장 핵심적인 역할을 하는 것은 결국 반도체

미국 정부의 반도체 R&D 투자: 1달러당 GDP 16.5달러 효과

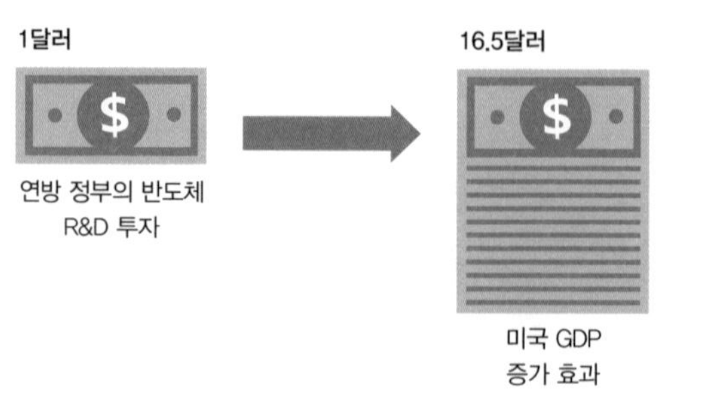

자료: SIA, SK증권

정부 R&D 지출 증가로 인한 GDP 증가 효과

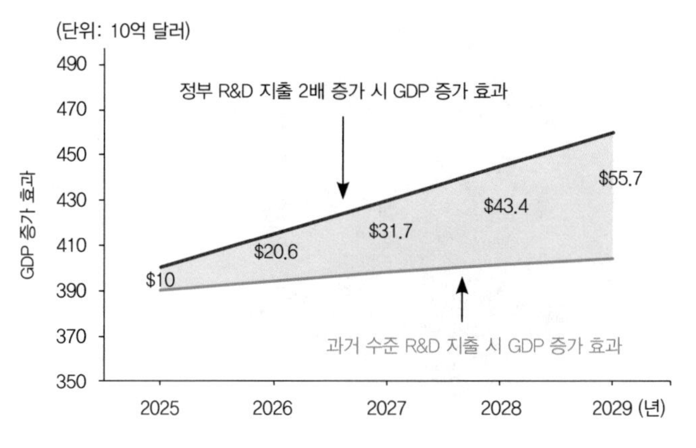

자료: SK증권

이고, 미국은 반도체 산업에서 지속적인 우위를 가져야만 하기에 국가 차원에서 반도체 R&D 비용을 획기적으로 증가시킬 것입니다.

미국 반도체산업협회는 미국 정부의 반도체 R&D 투자가 8년 후인 2029년 16배 이상의 GDP 증가 효과를 거둘 것이라고 분석했으며, 미국 정부는 GDP 성장을 이끄는 핵심 동력으로 반도체를 선정하고 바이든 정부의 집권 2기가 마무리되는 2029년까지 50만 개의 일자리를 창출할 것으로 기대하고 있습니다.

경제 성장으로 연결되는 정부의 R&D 지출

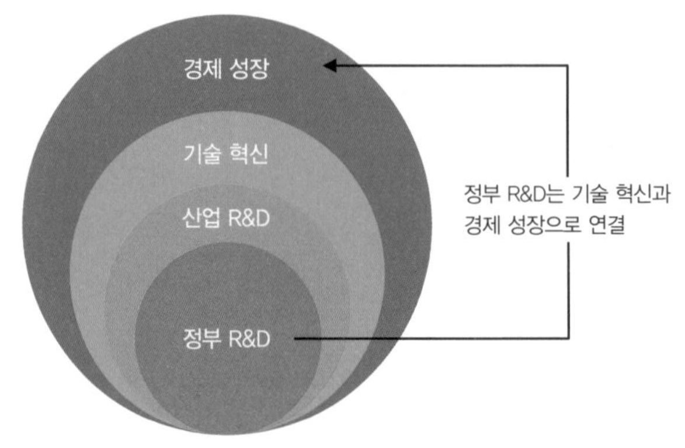

자료: SK증권

국가별 정부의 R&D 투자의 승수 효과

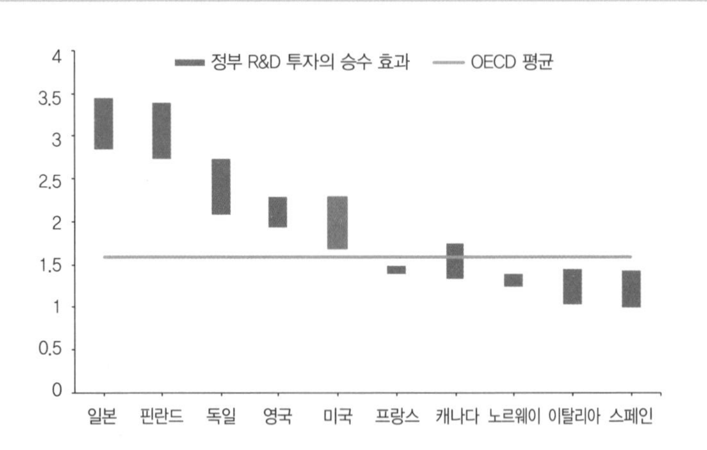

자료: Oxford Economics, SK증권

미국 반도체산업협회가 백악관에 보낸 서한의 일부

Semiconductors power essential technological advancements across healthcare, communications, clean energy, computing, transportation, and countless other sectors, and chip-enabled technologies have helped keep us productive and connected during the pandemic. By investing boldly in domestic semiconductor manufacturing incentives and research initiatives, President Biden and Congress can reinvigorate the U.S. economy and job creation, strengthen national security and semiconductor supply chains, and ensure the U.S. remains the leader in the game-changing technologies of today and tomorrow.

헬스케어, 통신, 클린에너지, 컴퓨팅, 수송을 비롯한 무수한 영역에 걸쳐 기간산업의 발전을 뒷받침하는 것이 반도체다. 그리고 반도체가 실현하는 기술로 우리는 펜데믹 상황에서도 생산성과 네트워크를 유지해왔다. 국내 반도체 제조에 대한 지원금과 연구에 과감한 투자를 진행함으로써 대통령과 연방의회는 미국 경제와 일자리 창출을 재활성화할 수 있고, 국가 안전 및 반도체 공급망을 강화할 수 있다. 게다가 미국은 오늘, 그리고 미래의 혁신 기술에서 리더십을 유지할 수 있게 될 것이다.

자료: SIA, SK증권

미국의 최대 리스크, 대만

지금까지 우리는 헬스케어, 통신, 클린에너지, 컴퓨팅, 수송을 비롯한 무수한 영역에 걸쳐 기간산업基幹産業, key industry의 발전을 뒷받침하는 것이 반도체라는 것을 확인했습니다. 또한 미국은 자국 내 반도체 제조에 대한 지원금과 연구에 과감한 투자를 진행함으로써 미국 경제와 일자리 창출을 활성화할 수 있을 것이라는 점을 살펴보았습니다. 그런데 여기에서 간과하면 안 되는 것이 있습니다. 바로 '국가 안보 National Security'입니다.

도련선

중국에서 도련선島鏈線, Island Chain이라는 이름으로 재구성된 아일랜드 체인 전략Island Chain Strategy은 1951년 한국전쟁 당시 미국의 외교정책 분석가이자 이후 국무장관을 역임한 존 델레스John Dulles가 대륙 세력에 대한 전략적 봉쇄를 위해 처음 주장한 것으로 알려져 있습니다. 도련선이 처음 제기되었을 때는 미국과 소련의 냉전 시기라 미국 안보 정책의 관심이 주로 소련에 있었고, 중국의 해군력은 미국에 비해 매우 취약했기 때문에 큰 이슈가 되지 못했습니다. 그러나 냉전 시기가 끝나고 중국의 국력이 강해지면서 중국의 안보 분석가들은 경제 정책에서 해군의 역할에 주목하게 되었습니다.

1953년 마오쩌둥은 제국주의 침략에 맞서 싸우기 위해 강한 해군의 건설을 강조했고, 중국의 개방을 가져온 덩샤오핑과 개방 정책을 승계했던 장쩌민은 미국의 아일랜드 체인 전략을 돌파하기 위해 강력한 전투력을 갖춘 해양 전력의 중요성을 강조했습니다. 중국의 해군사령관이었던 류화칭劉華清은 1982년 중국의 도련선 개념을 다시 도입했으며, 이후 중국의 해양력 증강과 도련선 돌파는 중국의 오랜 염원이 되었습니다.

가장 중요한 제1도련선은 '오키나와-대만-필리핀-남중국해-말레이시아'를 연결하고 있습니다. 이 중 대만은 도련선의 중심

제1도련선과 제2도련선

에 위치해 있으며, 가라앉지 않는 불침항모不沈航母의 역할을 기대하고 있습니다. 제2도련선은 '일본-사이판-괌-인도네시아'로 연결되는데, 중국은 1차로 제1도련선에서 배타적 제해권을 확보한 뒤 추후 제2도련선까지 진출한다는 목표를 가지고 있습니다. 류화칭은 이러한 목표를 달성하기 위해 항공모함 전투단의 육성을 역설했습니다.

중요한 변화

2021년 3월 미 해군정보국ONI, Office of Naval Intelligence은 2020년 말 기준으로 미국이 오랫동안 지켜왔던 해군 함정 규모 세계 1위 자리를 중국에 내주었다는 내용의 보고서를 발간했습니다. 중국 인민해방군 해군PLAN, People's Liberation Army Navy은 2015년 255척이었던 전투함이 2020년에 360척으로 늘어 미국보다 무려 63척이 많아졌다고 발표했습니다. 그리고 2030년에는 65척이 증가해 425척의 전투함을 보유할 것으로 전망했는데, 이 중에는 중국의 첫 번째 핵추진 항공모함이자 네 번째 항공모함도 포함될 것으로 알려졌습니다.

2021년 양회를 앞둔 중국은 대만과의 긴장감이 커져가는 가운데, 남중국해에서 대규모 상륙훈련을 진행했습니다. 그리고 제2

중국과 미국의 전투함 수

	2000년	2005년	2010년	2015년	2020년	2025년	2030년
탄도미사일 잠수함	1	1	3	4	4	6	8
핵추진 공격 잠수함	5	4	5	6	7	10	13
디젤 공격 잠수함	56	56	48	53	55	55	55
항공모함, 순양함, 구축함	19	25	25	26	43	55	65
호위함, 코르벳함	38	43	50	74	102	120	135
중국의 전체 전투함 수(위에 표시되지 않은 유형 포함)	110	220	220	255	360	400	425
미국의 전체 전투함 수	318	282	288	271	297	n/a	n/a

* 전투함 수에는 기능이 부족한 이전의 것들과 최신 것 모두 포함

자료: 중국 해군, 미국 해군, SK증권

도련선까지 닿을 수 있도록 사거리가 1700㎞에 달하는, '항공모함킬러'로 알려진 대함탄도미사일 둥펑-21D를 실전 배치해 중요한 행사 때마다 공개하고 있습니다. 심지어 2020년 8월에는 미군의 U-2 정찰기가 중국군이 설정한 비행금지구역에 진입하자 둥펑-21D를 포함한 중거리 탄도미사일을 발사하기도 했습니다.

중국 대륙에 배치된 대함미사일의 성능이 급격하게 개선되고, 배치된 미사일 수가 증가하면서 미국의 제1도련선 유지는 점점 더 어려워지고 있습니다. 또한 도련선을 넘어설 수 있다는 자신

감을 얻은 중국은 대만을 포위하여 고립시키기 위한 대규모 훈련 빈도를 높이고 있습니다.

유령함대 전략의 등장과 드러난 약점

2021년 3월 미국의 대표적인 싱크탱크인 랜드연구소RAND Corporation와 국방부가 진행한 미국과 중국의 워게임War Game 결과는 엄청난 화제가 되었습니다. 미국이 중국보다 우월할 것이라는 통상적인 기대와 달리, 워게임 결과는 좋지 않았습니다. 대만의 공군력은 불과 몇 분 내에 궤멸되고, 태평양 일대의 미 공군 기지가 공격받으며, 미국의 전함과 항공모함은 중국의 장거리 미사일 위협으로 접근이 불가능한 경우가 발생할 수도 있다는 것이었습니다. 미 인도태평양사령관 필립 데이비슨Philip Davidson은 상원 군사위원회 청문회에서 중국이 6년 이내에 대만을 상대로 군사 행동에 나설 가능성이 있다고 경고하기도 했습니다.

뉴아메리카재단NAF 소속의 유명 미래학자 피터 싱어Peter Singer와《월스트리트저널》기자 출신 어거스트 콜August Cole이 2015년에 함께 출간한 가상 전쟁 소설『유령함대Ghost Fleet』는 미국의 고민을 담고 있습니다. 이 소설의 내용을 간략히 정리해보겠습니다.

'중국은 미국의 정찰·통신위성을 파괴한 뒤 드론으로 하와이

진주만을 공습한다. 미국은 눈과 귀 역할을 해줄 인공위성이 파괴된 사이 항공모함과 핵추진 잠수함을 잃는다. 중국은 하와이를 점령한다. 그러나 미국은 스텔스 구축함인 줌왈트함과 퇴역 함정으로 구성한 유령함대로 최후 반격에 나서 하와이를 되찾는다.'

미 해군의 유령함대Ghost Fleet 전략은 소설의 모티브를 차용했지만, 소설과는 방향이 전혀 다릅니다. 미 해군은 '유인 체계의 생존성 보장 필요성과 무인 체계의 임무·역할이 증대되고 있는 상황'을 고려해 ① 상황별 무인함대의 운용 개념 구현을 위한 요구 성능, ② 탐지 장비·통제 체계·내파성·안정성(보안) 등의 요구 성능, ③ 무인 체계 통합 운용을 위한 통제 기술·자율운항 기술, ④

▲ 가상 전쟁 소설 『유령 함대』와 소설에서 모티브를 차용한 미 해군의 유령함대 전략

미 해군 유령함대 운용 개념 등을 연구하기 시작했습니다.

실제로 미 해군은 2025년부터 유령함대를 운용하기 위해 각종 무인함을 설계하고 있으며, 미 고등연구계획국DARPA에서는 'Sea Hunter'라는 이름의 무인함을 시험 운항하고 있습니다. 이외에도 200마일 배타적 경제수역EEZ 근해에서 지휘통신C4과 전자전 임무를 수행할 중형 무인함MUSV, 그리고 Mark 41 미사일 수직발사대를 갖춰 해상 타격 임무를 수행할 대형 무인함LUSV 등이 개발 중입니다. 이들이 가장 먼저 배치될 곳은 바로 제1도련선입니다.

이 전략의 약점은 중국도 무인 전투함을 준비할 수 있다면, 서로 소모전을 벌일 수 있다는 것입니다. 그리고 훨씬 저렴하게 대량생산할 수 있는 중국의 함정들이 유령함대의 함정들과 맞바꾸어 소모된다면, 미국도 무인 전투함을 대량으로 만들어 공급해야 한다는 것입니다. 그런데 해상에서 이 정도로 대규모 전투가 벌어진다면, 그 사이 대만에는 중국 인민해방군의 상륙이 이루어졌을 가능성이 큽니다. 즉 중국군이 대만을 접수하는 상황이 발생할 수 있습니다.

만약 중국이 대만을 점령하거나 봉쇄한다면, 미국은 심각한 위기에 봉착하게 됩니다. 그 이유는 현재 미국의 반도체 산업이 팹리스 중심으로 구성되어 있기 때문입니다. 과거에는 설계부터 제조까지 강력한 모습을 보여주었던 인텔이 있었지만, 지난 5년간 제조 경쟁력 하락으로 인해 미국은 전 세계 최고의 기술력을 보유한 대만의 TSMC에 파운드리를 의존하고 있습니다.

지난 2020년 3분기 TSMC의 매출액에서 차지하는 북미 고객 비중은 59%였습니다. 4분기에는 중국 화웨이와의 거래 중단과 애플의 신제품이 나오는 시점이 맞물리며 북미 고객 비중이 무려 73%까지 치솟기도 했습니다. 현재 TSMC와 미국의 반도체 산업은 공동운명체로 진화하고 있습니다. 대만이 공격당하면 미국의 반도체 산업이 마비되고, 이는 반도체 역할이 중요해질수록 미국의 다른 산업에도 큰 파장을 미칠 것임을 의미합니다.

미국 인공지능 국가안보위원회NSCAI 위원장을 맡고 있는 에릭 슈미트Eric Schmidt 전 구글 회장은 미국이 대만 반도체 기업들에 지나치게 의존하는 바람에 상업적으로나 군사적으로나 매우 중요한 인공지능 부문이 세계 최고의 지위를 상실할 위기에 처했다고 토로했습니다. 좀 더 구체적으로는 "지나친 대만 의존도로 인해 미국 기업과 군의 힘을 키워주는 초소형 전자공학Microelectronics이 우월적 지위를 상실하기 직전이다"라고 밝혔습니다. NSCAI는 2년간의 연구를 토대로 작성한 756쪽 분량의 연구 보고서를 통해 인공지능이 미국과 소비자들을 도와줄 것이라면서도 중국의 선진 기술 투자로 인해 전략적 취약성이 드러날 위험성이 있다고 경고했습니다. 그리고 미국이 반도체를 설계하고 제조하기 위해 유연한 국내 기지를 건설할 필요가 있다는 점을 강조했습니다.

◀ 미 의회 자문위원회 보고서를 통해 미국의 반도체 의존성을 경고한 에릭 슈미트

북미 지역의 TSMC 매출 기여도

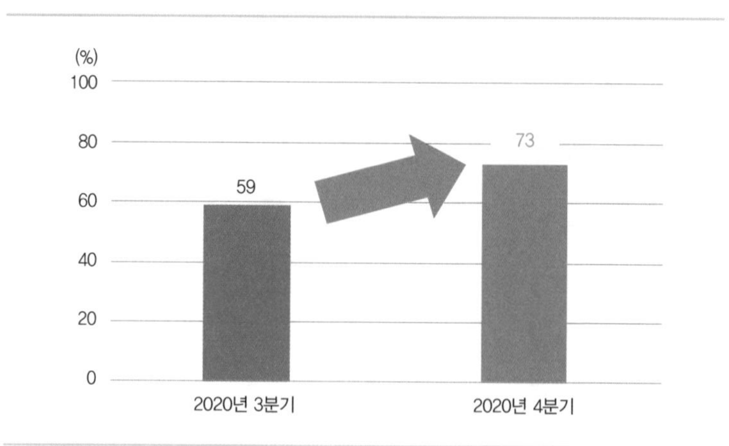

자료: TSMC, SK증권

중국보다 강한 미국의 반도체 제조 굴기

미국과 중국의 패권 경쟁은 돌이킬 수 없는 수준까지 이르렀습니다. 2022년 양회에서 연임되어 10년의 집권을 추가로 얻길 원하는 시진핑이 미국과 EU 국가들의 압박에 몸을 낮추기는 어렵습니다. 이미 중국의 패권 전략과 배타성이 드러난 이상, 미국 입장에서는 중국의 야심을 철저히 봉쇄할 수밖에 없으며 여유를 부릴 상황도 아닙니다. 그래서 탄생한 것이 '미국의 반도체 제조 굴기'입니다.

미국은 철저하게 중국을 벤치마킹하고 있습니다. 2020년에 마련된 반도체 생산 촉진을 위한 지원 법안Chips for America Act을 보면 투자세액공제가 가장 먼저 눈에 들어옵니다. 2020년 6월부터 2024년까지 설치된 반도체 장비 또는 반도체 제조 설비 투자비에 대해 최대 40%까지 환불해주는 투자세액공제 프로그램을 지원한다는 내용입니다. 이 법안은 일몰제日沒制가 적용되는데, 2024년까지는 40%, 2025년 30%로 하향, 2026년 20%로 하향을 거쳐 2027년에 폐지될 예정입니다.

보통 반도체 공장을 하나 지으려면 100~200억 달러의 제조 설비 투자비가 듭니다. 이를 최대 40%나 환불해주는 법안은 파운드리 업체들에게 미국에 공장을 건설해야 할 강력한 유인책으로 작용할 전망입니다. 그리고 일몰제 이전에 수혜를 받기 위해서라도 2024년까지 공장 건설을 서두르려 할 것입니다.

현재 미국의 반도체 산업에서 가장 취약한 부문은 파운드리입니다. 따라서 미국 내 첨단 파운드리 공장 건설을 지원하기 위해 150억 달러 규모의 연방기금을 조성해 10년간 운용하는 방안이 시행될 것입니다. 양원 확정 원안에 따르면 반도체 공장 및 연구시설 건설에 건당 최대 30억 달러의 보조금이 지급될 것입니다. 앞서 살펴본 바와 같이 중국과의 격차를 고려해 산정된 금액입니다.

중국 대비 현저히 낮았던 미국의 정부 R&D 비중을 높이기 위한 정책도 매우 공격적입니다. 미 고등연구계획국, 국립과학재단NSF, 에너지부DOE에 집중적인 지원이 예정되어 있으며, 미국 반도체의 또 다른 고민인 후공정 강화를 위해 미국 상무부 산하에 국립 첨단 패키징 제조 연구소를 설립하고 인력을 양성하겠다는 계획에도 대규모 예산을 배정할 전망입니다.

이어서 통과된 미국 파운드리 법안American Foundries Act of 2020은 반도체 생산 촉진을 위한 지원 법안과 비슷하지만 다른 지원책입니다. 이 법안은 2021년 1월 미국이 국방수권법 개정안을 통과시킴

미국 내 반도체 생산 촉진을 위한 연방정부 차원의 지원책

<table>
<tr><th>지원 분야</th><th>지원 내용</th></tr>
<tr><td>투자세액공제</td><td>• 2024년까지 설치된 반도체 장비 또는 반도체 제조 설비 투자비에 대해 최대 40%까지 환불해주는 투자세액공제 프로그램 지원
• 해당 프로그램은 2025년 30%로 하향, 2026년 20%로 하향, 2027년 폐지 예정</td></tr>
<tr><td>파운드리 구축</td><td>• 미국 내 첨단 파운드리 공장 건설을 지원하기 위해 150억 달러 규모의 연방기금을 조성해 10년간 운용하는 방안 고려 중
• 양원 확정 원안에 따르면 반도체 공장 및 연구 시설 건설에 건당 최대 30억 달러의 보조금 지급</td></tr>
<tr><td>R&D 확대</td><td>• 반도체 기술 리더십 확보를 위해 총 120억 달러 지원
<table>
<tr><th>내용</th><th>지원 규모</th></tr>
<tr><td>고등연구계획국의 전자 기술 부흥 인센티브 지원</td><td>20억 달러</td></tr>
<tr><td>국립과학재단의 반도체 기초 연구 프로그램 지원</td><td>30억 달러</td></tr>
<tr><td>에너지부의 반도체 기초 연구 프로그램 지원</td><td>20억 달러</td></tr>
<tr><td>상무부 산하 국립 첨단 패키징 제조 연구소 설립 및 인력 양성 지원</td><td>50억 달러</td></tr>
</table></td></tr>
<tr><td>펀드 조성</td><td>• 반도체 관련 정책 일관성 유지, 해외 정부와의 합의 도출 등을 위해 향후 10년간 7억 5000만 달러 규모의 신탁펀드 조성</td></tr>
</table>

으로써 확정되었습니다. 반도체를 보다 안보적인 측면에서 보고 있으며, 국가 안보를 위해 설비 투자 및 R&D에 국방부가 주도할 수 있는 길을 열어주었다고 볼 수 있습니다. 파운드리 비즈니스로의 복귀와 미국 내 대규모 투자를 발표한 인텔의 CEO 팻 겔싱어Pat Gelsinger는 현재 글로벌 반도체 생산에서 지역별로 차지하는

미국 파운드리 법안

지원 분야	지원 내용
자국 생산	• 상용 또는 안보 관련 반도체 제조, 조립, 테스트, 패키징 팹 및 R&D 시설 확충을 위해 상무부 150억 달러 지원 • 안보상 기밀 유지가 필요한 반도체 생산에는 국방부가 따로 50억 달러 지원
R&D	• 대만 및 한국 대비 비교적 열세를 보이는 미세공정화 기술 개발에 **50억 달러** 규모 지원 – 고등연구계획국 **20억 달러** – 국립과학재단 **15억 달러** – 에너지부 **12억 5000만 달러** – 국립표준기술연구소(NIST) **2억 5000만 달러** • 동 법안으로 지원받은 정부 기관은 R&D 결과로 발생하는 지적재산권에 대해 자국 내 생산을 장려하는 정책 추진

비중이 아시아 80%, 미국 15%, 유럽 5%라고 밝히며, 인텔이 미국과 유럽 공장에서 반도체를 생산하는 것이 고객사의 이익과 각국의 안보에 도움이 된다고 강조했습니다.

미국의 최종 목표는?

결론적으로, 미국 반도체산업협회는 미국 내 제조 인프라가 없음을 지적했고, 미국 정부는 반도체 팹 구축에 대한 사상 최고 수준의 세제 혜택과 각종 인센티브를 제공하기로 결정했습니다. 미국의 반도체 제조 굴기 정책은 설령 미국 기업이 아니더라도 미국 내에 신규 반도체 공장을 건설할 시, 경쟁국 대비 총소유비용 관점에서 충분한 경제적 메리트를 부여하는 정책입니다.

이는 단기에는 미국 내 하이엔드 파운드리 공장을 확보하는 것

파운드리 역량을 가진 글로벌 기업에 미국 내 공장 건설을 장려하는 미국

SAMSUNG Foundry

미국 애리조나주에 공장 건설 계획 확대

- 투자액: 360억 달러 규모(월 10만 장 Capa)
- 생산품목: 5㎚ 미만 선단공정
- 양산 시기: 2024년(2021년부터 건설)

미국 오스틴 공장에 추가 투자

- 투자액: 170억 달러 규모 추정(100억 달러 이상)
- 생산 품목: 3㎚ 공정 추정(현재 주력은 14㎚)
- 양산 시기: 2023년 추정(3㎚ 양산 시기)

미 국방부와 미국 내 파운드리 신설 논의 중
주로 안보와 직결되는 품목에 대해 자국 생산

트럼프 정부 말기에 논의했으나 확정된 내용은 없음

민간 부문

국방 부문

자료: SK증권

이 목표이지만, 장기적으로 대만에서 발생할 수 있는 파운드리 리스크를 차단하고, '설계-제조-패키징-검사'에 이르는 모든 공급망을 미국에 구축하겠다는 전략입니다. 그리고 이러한 반도체 산업에서의 압도적인 경쟁력 격차를 유지 또는 확대하여 미래의 주도산업에서 중국을 제압하는 장기적이고 거시적인 전략으로 이행될 것이라고 전망됩니다.

CHIP WAR

PART 7

남겨진 과제, 생산성

산업혁명과 생산성

독일의 철학자 헤겔Hegel은 '양질 전환의 법칙'이라는 개념을 제시했습니다. 이는 일정 수준의 양적 변화가 누적되면 어느 순간 질적 변화로 이어지게 된다는 개념으로, 내부에 에너지가 축적되면 어느 순간 그것이 폭발해 이전과는 전혀 다른 환경을 만들어낸다는 뜻입니다. 이러한 변화가 산업에서 나타나면, 이를 '산업혁명'이라 부릅니다. 우리가 흔히 사용하는 산업혁명이라는 용어는 독일의 사회주의자 프리드리히 엥겔스Friedrich Engels가 「영국 노동 계급의 조건The Condition of the Working Class in England」이라는 논문에서 처음 사용했는데, 이후 영국의 사학자인 아놀드 토인비Arnold Toynbee에 의해 널리 알려지게 되었습니다.

제1차 산업혁명은 1784년 영국에서 증기기관이 발명되었던 시점을 의미합니다. 증기기관은 생산 방식을 인간의 손에서 기계로 넘기는 결정적인 계기를 제공하며, 노동 생산성을 3배 이상 끌어올렸습니다.

제2차 산업혁명은 1870년경 전기를 활용한 대량생산이 이루어진 시점을 의미합니다. 이때 철도 건설과 철강 생산 및 자동차 등의 대량생산으로 생산성이 획기적으로 향상되었습니다.

제3차 산업혁명은 '제3의 물결'이라고도 불리는 컴퓨터를 활용한 정보화, 자동화 생산 시스템이 등장한 시점을 의미합니다. 1990년대 중반에 들어서며 정보통신과 신재생에너지 개발이 활성화되면서 제3차 산업혁명이 가속화되었으며, 전통적인 제조업 중심 시대는 약화되고 사회적 네트워크와 협업 등에 의한 새로운 시대가 열렸습니다.

그렇다면 제4차 산업혁명은 무엇일까요? 그리고 어떤 점이 다를까요? 『제4차 산업혁명』을 집필한 클라우스 슈밥Klaus Schwab은 제4차 산업혁명이 연결, 탈중앙화와 분권, 공유와 개방을 통한 맞춤 시대의 지능화 세계를 지향한다고 주장합니다. 쉽게 말하면, 제4차 산업혁명이 제3차 산업혁명의 연장에 불과하다는 주장도 많지만 그 둘이 구별되는 가장 큰 차이점은 '자율화'라는 것입니다. 제3차 산업혁명이 정보화와 자동화를 추구했다면, 이제는 인공지능에 기반한 자율성을 바탕으로 자율주행차, 로봇 등을 통해 업무를 실행할 수 있는 세상이 다가온다는 의미입니다. 그리고 이러한 지능화 세계를 구축하기 위해 빅데이터, 인공지능, 클라우드, 블록체인 등의 기술이 필수적입니다.

로봇이 우리가 원하는 수준으로 자율적인 임무를 수행하려면, 로봇이 필요로 하는 많은 정보를 어느 위치에서나 실시간으로 받

디지털 기술로 촉발되는 지능화 혁명

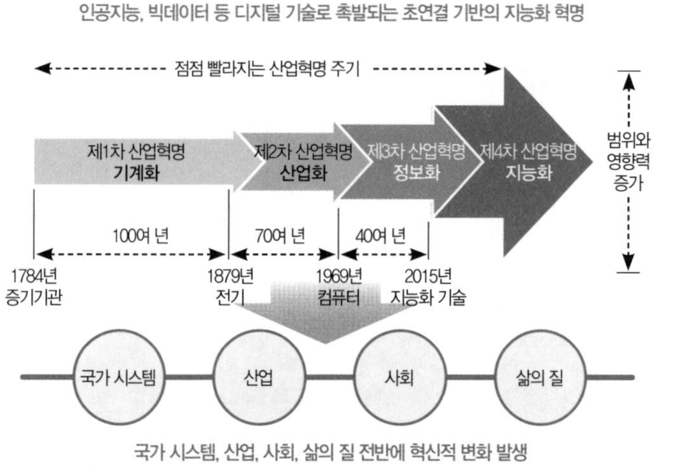

인공지능, 빅데이터 등 디지털 기술로 촉발되는 초연결 기반의 지능화 혁명

점점 빨라지는 산업혁명 주기

제1차 산업혁명 기계화
제2차 산업혁명 산업화
제3차 산업혁명 정보화
제4차 산업혁명 지능화

범위와 영향력 증가

100여 년 / 70여 년 / 40여 년

1784년 증기기관
1879년 전기
1969년 컴퓨터
2015년 지능화 기술

국가 시스템 — 산업 — 사회 — 삶의 질

국가 시스템, 산업, 사회, 삶의 질 전반에 혁신적 변화 발생

자료: 과학기술정보통신부

아들일 수 있어야 합니다. 우리는 이런 디지털 네트워크를 '디지털 메시Digital Mesh'라 부릅니다.

디지털 메시는 초고속으로 연결된 클라우드 환경을 의미하며, 데이터를 저장하고 처리하는 데이터 센터와 데이터를 생성하고 전달하는 사물인터넷을 기반으로 하고 있습니다. 그리고 이러한 대규모 데이터를 지연 없이 주고받기 위해 5G 이상의 초고속 통신망을 필요로 하는 것입니다.

미국의 또 다른 약점 : 높은 인건비와 낮은 생산성

앞서 미국이 반도체 공장을 유치하기 위해서는 투자세액공제, 대규모 보조금 지원 등을 실행해야 한다고 이야기했습니다. 그러나 정부의 인센티브 제공보다 더 근본적인 문제는 미국의 인건비가 경쟁국과 비교했을 때 지나치게 높다는 것입니다.

설비 투자는 정부의 인센티브를 통해 극복할 수 있지만, 지나치게 높은 인건비는 운영 측면에서 불리할 수밖에 없습니다. 물론 미국은 반도체 공장을 유치하기 위해 연방정부의 지원 외에도, 세금 면제 등 주정부State Government 차원에서의 인센티브를 추가로 제공할 것입니다. 그리고 면세 규모도 과거 대비 월등할 것으로 기대됩니다.

그런데 미국은 반도체 산업만 키우려고 하는 것이 아닙니다. 반도체 산업은 제4차 산업혁명의 중심이 되는 기간산업입니다. 인공지능은 물론 헬스케어, 클린에너지, 자동차, 유통, 로봇에 이르는 무수한 영역에서 우위를 선점하기 위한 필수 산업인 것입니다. 결국 미국이 중국을 꺾고 제4차 산업혁명 시대에도 패권을 유지하기 위해서는 미국의 높은 인건비와 낮은 생산성을 상쇄시킬 수 있는 새로운 방법을 도입해야만 합니다.

5G+MEC 기반의 AI 시대가 열린다

2020년 4월 마이크로소프트의 CEO 사티아 나델라Satya Nadella는 "2년이 걸린 디지털 전환Digital Transformation이 불과 두 달 만에 이루어졌다"라고 말했습니다. 그리고 커뮤니케이션 방식과 테크놀로지의 변화 및 결합은 새로운 인프라와 디바이스의 등장을 초래할 것이므로, 인공지능

▲ "2년이 걸린 디지털 전환이 불과 두 달 만에 이루어졌다"고 말한 마이크로소프트의 CEO 사티아 나델라

이 탑재된 기기들이 보편화될 것이라고 언급했습니다. 앞으로 많은 변화가 필연적으로 발생하겠지만, 이러한 변화를 구현하기 위해서는 우선적으로 인프라의 변화가 이루어져야 합니다. 그리고 이러한 변화의 정점에 5G 인프라 구축과 모바일 엣지컴퓨팅MEC, Mobile Edge Computing이 있습니다.

5G의 장점은 '초고속, 초저지연, 초연결성'입니다. 4G 대비 10배 빠른 속도, 낮은 지연 시간, 1㎢당 100만 개의 기기를 연결할 수 있다는 의미입니다. 이러한 5G 통신 인프라에 MEC 환경을 구축

MEC 구성을 통한 엣지 클라우드의 역할 분담 및 초지연성 강화

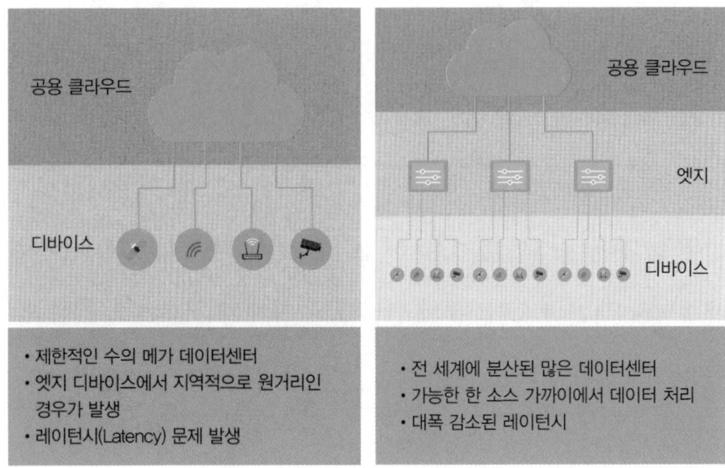

- 제한적인 수의 메가 데이터센터
- 엣지 디바이스에서 지역적으로 원거리인 경우가 발생
- 레이턴시(Latency) 문제 발생

- 전 세계에 분산된 많은 데이터센터
- 가능한 한 소스 가까이에서 데이터 처리
- 대폭 감소된 레이턴시

해주면 우리가 단말기End Device, Edge Device라 부르는 것들의 인공지능 환경에서의 역할은 획기적으로 개선될 수 있습니다.

MEC는 이동통신 기지국과 근거리에 데이터 처리, 저장을 위한 서버 등 컴퓨팅 시스템을 구축하여 데이터 전송 거리를 단축해 초고속, 초저지연, 초연결성의 5G 인프라를 구축할 수 있게 만들어줍니다. 5G와 MEC의 결합은 수없이 많은 사물인터넷 단말기들을 스트리밍Streaming 기반으로 체크할 수 있도록 만들어줄 것입니다.

클라우드의 3대 문제점

클라우드의 3대 문제점은 과부하로 인한 시스템 장애System Failure 및 응답 지연, 개인정보 보호Privacy, 보안 리스크 축소Security입니다. 무수히 많은 단말기가 데이터 송수신을 통한 서비스를 받기 위해 연결되고, 시스템이 감당하기 어려운 수준의 데이터가 기존 퍼블릭 클라우드 업체(아마존, 마이크로소프트 등) 메인 서버에 한꺼번에 몰리면, 과부하로 인한 시스템상의 문제가 발생할 수 있습니다. 인공지능을 기반으로 하는 서비스들은 시스템이 일시

클라우드의 3대 문제점

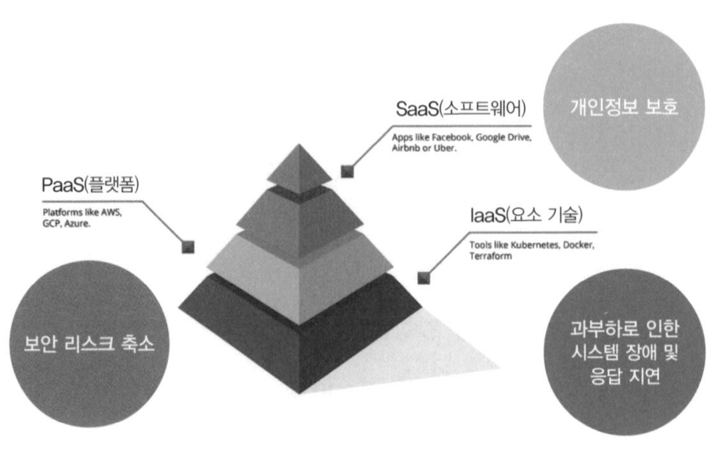

적으로라도 끊기면 사용이 불가능하고, 그에 대한 법적 책임을 물어야 합니다.

우리가 자율주행차를 이용하는 것은 좋지만, 차량에 탑승한 승객들의 상태를 세세하게 퍼블릭 클라우드로 옮겨 데이터로 남겨놓는 것은 개인정보를 침해하는 문제로 발전할 수 있습니다. 이동하는 차량 안에서 위급한 상황이 생긴다면 빠른 조치를 받는 것이 중요합니다. 그러나 그 외 개인정보는 보호되어야 합니다. 또한 퍼블릭 클라우드 기반으로 운영되고 있는 인공지능 서비스가 해킹을 당하게 되면, 그로 인한 피해는 상상을 초월합니다.

모바일 엣지컴퓨팅을 위한 기본 구조

엣지Edge는 데이터를 직접 생산하는 단말기나 단말기와 근접한 위치에 있는 각종 디바이스를 의미합니다. 스마트폰, 자율주행차, 증강현실AR, 가상현실VR 등이 모두 포함되죠. 엣지컴퓨팅은 데이터를 저장, 분석 및 처리하는 기능들을 클라우드까지 모두 보내 결과값을 다시 수신받는 것이 아니라, 엣지에 놓여 있는 디바이스들과 가장 가까운 데 설치된 컴퓨팅 시스템이 연결되어 작업을 수행할 수 있도록 만들어주는 것을 의미합니다.

다소 복잡해 보이는 MEC를 좀 더 쉽게 살펴보도록 하겠습니

AI 확대를 위한 필연적 구조 전환: MEC

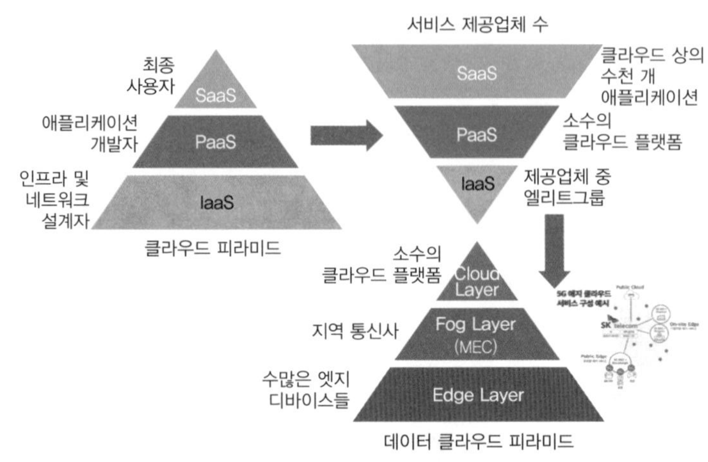

IoT 디바이스와 자율주행차, 로봇, 스마트폰 등의 엣지 디바이스가 무한히 증가하는
IoE(Internet of Everything) 세상을 구현하기 위해서는
① 시스템 장애 및 응답 지연, ② 개인정보 보호, ③ 보안 리스크 축소를 위해
사회기반시설과 네트워크 설계자를 연결하는 방법이 필요
⬇
클라우드 업체와 지역 통신회사의 결합을 통해
엣지 디바이스들이 원활하게 돌아갈 수 있는 체제가 MEC

다. MEC를 위한 네트워크는 최대한 단말기와 가깝게 배치되어야 합니다. 따라서 많은 양의 데이터가 송수신되더라도 큰 문제가 생기지 않도록 클라우드보다 최종 사용자End User 가까이에 설치되어야 합니다.

일반 전송 방식과 MEC 적용 시

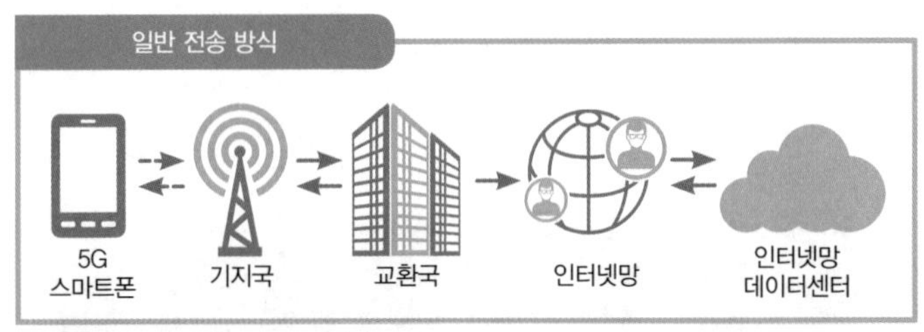

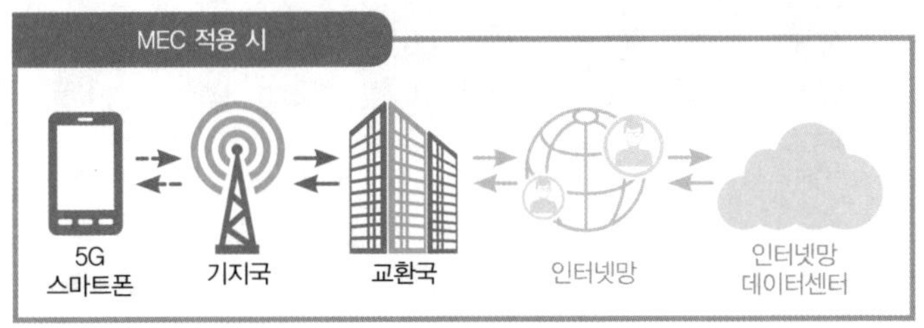

'엣지' 배치에 대한 응답자 비율

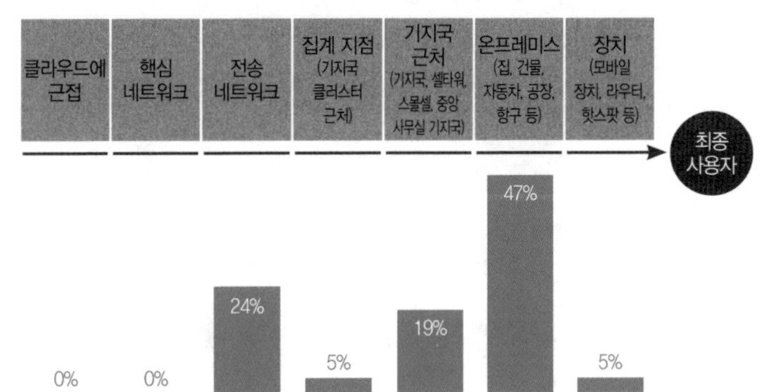

• 질문: '엣지'를 배치하기에 가장 적합한 장소는 어디라고 생각합니까? (이 질문은 모바일 네트워크의 엣지컴퓨팅만 해당)

자료: GSMA Intelligence Edge Computing in china Survey 2019

중국의 엣지컴퓨팅 배포·채택 추진에 중요한 점

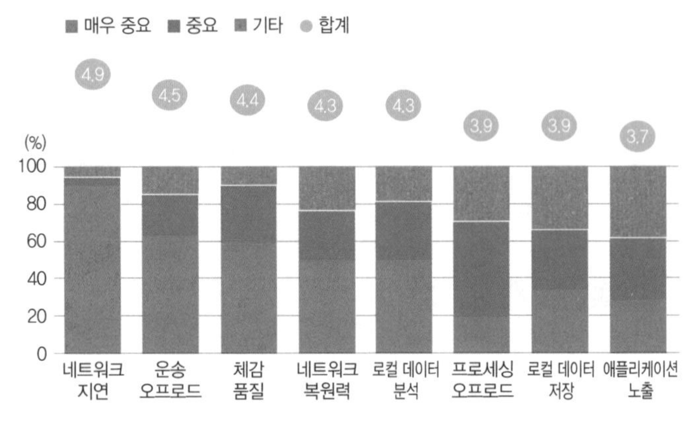

자료: GSMA Intelligence Edge Computing in china Survey 2019

제4차 산업혁명에서 MEC가 중요한 이유는 RPA, 즉 로보틱 프로세스 오토메이션Robotic Process Automation이라 불리는 인공지능 기반의 자동화에서 가장 중요한 역할을 수행할 수 있기 때문입니다. 제4차 산업혁명의 특징은 '초연결, 초지능, 초융합'으로 정의됩니다. 그리고 인공지능, 사물인터넷, 로봇, 드론, 자율주행차, 가상현실 등이 주도하는 차세대 산업혁명을 의미합니다. 따라서 수없이 많은 엣지 디바이스가 문제없이 돌아가기 위해서는, 이를 구현할 수 있는 인프라 구축이 선행되어야만 합니다.

특히 스마트 제조 자율주행과 물류 서비스 등은 제4차 산업혁명에서 생산성을 올릴 수 있는 핵심 요소입니다. 보다 정교하게 운영되어야 하는 부문일수록 사물인터넷 디바이스와의 연결은 필수적입니다. 그리고 사물인터넷 디바이스가 급증할수록 실패 없이 연결되기 위한 MEC의 중요성은 커질 수밖에 없습니다.

4G 기반의 네트워크에서는 사물인터넷 기기들의 연결이 제한적일 수밖에 없으며, 데이터양이 증가할수록 데이터의 송수신 속도는 저하됩니다. 고정된 장소에서는 와이파이Wi-Fi를 통해 데이터 처리 문제를 상당 부분 해결할 수 있으나, 이동이 필요한 상황에서는 사용이 제한적입니다.

MEC는 모바일 엣지컴퓨팅이라 불리기도 하지만, 다중 액세스 엣지컴퓨팅Multi-access Edge Computing이라 불리기도 합니다. 이는 이동하는 상황에서도 완벽한 시스템적 지원을 받을 수 있으며, 어떠한 장소에서 수많은 디바이스가 동시에 접속하더라도 실패하지 않는 인공지능 서비스를 제공해줄 수 있어야 하기 때문입니다.

비대면 시대의 중심으로 부상한 메타버스

미래의 작업 환경이 달라지고 있습니다. 코로나19가 가져온 커다란 변화는 비대면 중심으로의 전환입니다. 그야말로 집에서 모든 것을 다 하는 홈코노미Home+Economy 시대가 성큼 다가왔습니다. 이제는 업무, 교육, 스포츠, 홈트레이닝, 엔터테인먼트 등에 이르는 대부분의 분야가 5G와 MEC로 연결되고 있습니다. 스마트 시티Smart City에서도 안전을 위한 대면 접촉 최소화가 중요해졌으며, 물류와 운송 서비스에서도 소비자에게 물건을 전달하는 마지막 구간, 즉 라스트 마일Last mile까지 비대면으로 구현하는 것이 필수적인 요소가 되었습니다.

메타버스Metaverse는 SF 소설가 닐 스티븐슨Neal Stephenson의 소설 『스노우 크래쉬Snow Crash』에서 유래된 것으로, 인간 아바타와 소프트웨어 에이전트가 공존하는 3D 공간을 의미하며, 가상현실보다 조금 더 나아간 개념입니다. 아바타로 구현된 개인들이 교류하는 3차원 가상세계로 통용되고 있습니다. 그런데 이제는 5G 기반의 통신 인프라, 클라우드, MEC 등이 모두 발달하며 컴퓨터 그래픽으로 재미있는 세상을 만들 수 있게 되었습니다.

메타버스를 대표하는 기업으로 부상한 유니티소프트웨어Unity Software는 비디오게임 개발에 사용되는 게임엔진 유니티를 개발하는 기업입니다. 모바일 게임의 절반 이상, 콘솔 게임기 엑스박스Xbox, 플레이스테이션PlayStation 게임의 30~40%, PC 게임의 3분의 1이 유니티를 사용해 개발된 것으로 알려져 있습니다.

▲ 외부와 접촉하지 않고 세상과 접속하는 새로운 방법, '메타버스'

그런데 게임에서 구현되는 모습들이 현실과 구분하기 어려울 정도로 정교해지고 있습니다. 이는 실제로 현실에서 업무를 처리하는 데에도 사용할 수 있음을 의미합니다. 인프라만 잘 갖추어져 있다면 건축, 엔지니어링, 건설, 자동차, 운송, 자율주행, 클라우드 기반의 시뮬레이션을 얼마든지 실제로 구현할 수 있다는 뜻입니다.

인프라와 워크플로우workflow 변화에서 시작될 미국의 생산성 혁명

미국은 반도체 제조 부문의 취약함을 극복하기 위해 엄청난 규모의 세제 혜택과 보조금을 지원할 것입니다. 그러나 파운드리

전 세계에 걸쳐 협업하는 방법

OMNIVERSE 활용 사례 보기

실시간 가상 협업

NVIDIA Omniverse는 전 세계에 널리 분포된 팀을 더 효율적으로 반복 작업을 수행하고 크리에이티브 결과를 극대화할 수 있는 하나의 인터랙티브 환경으로 통합합니다. 노트북, 데이터센터 또는 기타 RTX 기반 시스템에서 Omniverse를 실행하면 제작 시간을 대폭 단축할 수 있습니다.

데모 보기 >

시뮬레이션에서 현실로의 설계

NVIDIA Omniverse에서 구축된 로보틱스 앱용 AI인 NVIDIA Isaac Sim™ 을 하나의 RTX GPU에서 실행함으로써, 엔지니어들은 복잡한 워크로드를 완료하고, 로봇을 손쉽게 가상화하고, 센서에서 사실적인 이미지를 생성하고, 실제 로봇에서 시뮬레이션부터 배포까지 원활하게 이동할 수 있습니다.

데모 보기 >

시뮬레이션 환경

NVIDIA DRIVE Sim™ 은 자율주행 자동차를 테스트 및 검증하기 위해 Omniverse에 구축된 강력한 시뮬레이션 애플리케이션입니다. Omniverse의 매우 높은 충실도와 물리적으로 정확한 시뮬레이션은 자율주행 기술의 테스트에 필요한 매우 엄격한 타이밍, 반복성 및 실시간 성능을 제공합니다.

데모 보기 >

미래의 공장

BMW Group과 NVIDIA가 파트너십을 맺어 미래의 공장을 현실화합니다. 진정한 디지털 트윈, 글로벌 오토모티브 제조사

데모 보기 >

엔비디아의 옴니버스(Omniverse)는 가상 협업 및 사실적인 실시간 시뮬레이션을 위해 구축되어 개방된 플랫폼이다. 현재 렌더링 제공이 가능한 맞춤형 분야는 ① 아키텍처, ② 엔지니어링 및 건설, ③ 자율주행차, ④ 미디어 및 엔터테인먼트, ⑤ 로보틱스다.

자료: 엔비디아, SK증권

산업의 육성은 미국이 제4차 산업혁명 시대의 패권을 확고히 가져가기 위한 첫걸음에 불과합니다. 미국은 최첨단 산업에서의 생산성을 높이기 위해 5G·6G 인프라와 MEC를 연결시켜 스마트 제조와 RPA 분야에서 강력한 지원책을 제공할 것이며, 미국 기업들은 클라우드 기반의 메타버스를 글로벌 업무 환경 변화에 적극적으로 활용할 것으로 전망됩니다.

CHIP WAR

PART 8

반도체 전쟁의 미래

격변기를 맞이한 반도체 산업

모빌리티, 클라우드, 인공지능이 이끄는 강력한 수요

반도체 공급 부족 사태의 수요 측면 원인은 크게 모빌리티Mobility 혁명에 의한 수요 급증과 클라우드 기반의 인공지능 시대의 도래로 나누어볼 수 있습니다. 2020년 9월에 개최된 테슬라의 '배터리 데이' 행사에서 테슬라의 CEO 일론 머스크Elon Musk는 2023년에 2만 5000달러에 불과한 신차를 출시하겠다고 발표했습니다.

자율주행 기능을 구독할 수 있는 2만 5000달러 수준의 신차 등장이 기정사실화됨에 따라 전기차 비중의 급격한 확대와 자율주행 기능의 고도화는 모든 완성차 업체가 급하게 쫓아가야만 하는 고민거리가 되었습니다. 특히 자율주행 기능은 완성차를 판매하는 입장에서도 매우 잘 팔리는 옵션이며, 구매자들의 선호도가 매우 높습니다. 따라서 2차전지보다 차량용 반도체의 수요가 단기적으로는 더 빠르게 급증하는 현상이 나타날 것이라 전망합니다.

미국의 GM[General Motors]은 2025년까지 전기차와 자율주행차에 270억 달러(약 30조 원)를 투자할 것이라는 계획을 발표했습니다. 또한 자체 개발한 준자율주행 시스템 '슈퍼 크루즈', 수직 이착륙 항공기인 1인승 드론, 개인 자율주행 차량 '헤일로 포트폴리오', 전기차 물류 플랫폼 구축을 위한 전동식 팔레트 'EP1', 전기 밴 'EV600' 등 혁신 모빌리티 및 미래형 이동수단을 공개했습니다.

독일의 폭스바겐[Volkswagen] 또한 2030년까지 미국과 유럽 전기차 시장에서 판매되는 자사 차량 중 전기차의 비중을 각각 50%와 70%로 목표 설정했고, 2025년까지 사실상 완전 자율주행 수준에 가까운 레벨 4 수준의 차량을 출시하겠다고 공언했습니다. 또한 마이크로소프트의 클라우드 기술을 활용해 자율주행차의 기술 개발 기간을 단축하겠다고 밝혔으며, 향후 고객들을 위한 모빌리티 서비스도 클라우드를 기반으로 개발하겠다고 언급했

2016년에 발표한 폭스바겐의 전략, 트랜스폼 2025+

연결성, 자율주행, 공유 모빌리티, 전기화

자료: 폭스바겐

습니다.

테슬라와 같이 데이터를 수집할 수 없는 완성차 업체들이 자율주행 성능을 쫓아가려면, 다수의 고성능 센서와 여기서 발생하는 데이터를 처리할 수 있는 고성능 컴퓨팅 채택이 불가피합니다. 따라서 첨단 운전자 지원 시스템ADAS, Advanced Driver Assistance Systems 수준 제고, EV 및 RCV 생산 확대를 위해 반도체 및 파운드리 수요 급증은 필연적이며, 2025년까지 이어질 것으로 전망됩니다.

길게 이어질 강력한 설비 투자

반도체 산업에서 가장 독점적인 기업은 노광장비를 만드는 네덜란드의 ASML입니다. 반도체 제조업체들이 공격적으로 투자를 하고 싶어도 ASML의 노광장비 생산능력 및 스케줄에 따라 계획을 세워야 합니다. ASML의 독점성은 반도체 산업에서 가장 견고하게, 장기적으로 유지될 것입니다.

현재 CPU, GPU, AP 등의 고사양 제품은 모두 ASML의 노광장비를 사용해 만들고 있는데, 이 장비는 만들기도 어렵지만 공정에 적용해 사용하기도 쉽지 않습니다. 그래서 7㎚ 이하 반도체 수요가 빠르게 증가하고 있음에도, 이러한 제품을 위탁생산할 수 있는 파운드리 업체는 TSMC와 삼성전자가 유일합니다. 그래서 하이엔드 제품을 만드는 파운드리의 공급 부족 해소는 상당한 시간이 필요할 전망입니다.

주로 컨트롤러 및 중간 수준의 제품을 만드는 미드엔드 파운드리도 단기에는 공급 부족이 해소되기 어려울 것입니다. CPU, GPU 시장 등에서 밀려난 대만의 UMC와 미국의 글로벌 파운드리Global Foundries 등의 업체들은 그동안 투자 여력이 없었습니다. 그러나 다행스러운 것은 미국이 파운드리 산업을 육성하기 위해 대단히 강력한 인센티브 정책을 들고 나왔고, 어려운 상황에 직면

TSMC와 삼성전자만 가능한 7㎚ 이하 반도체 위탁생산

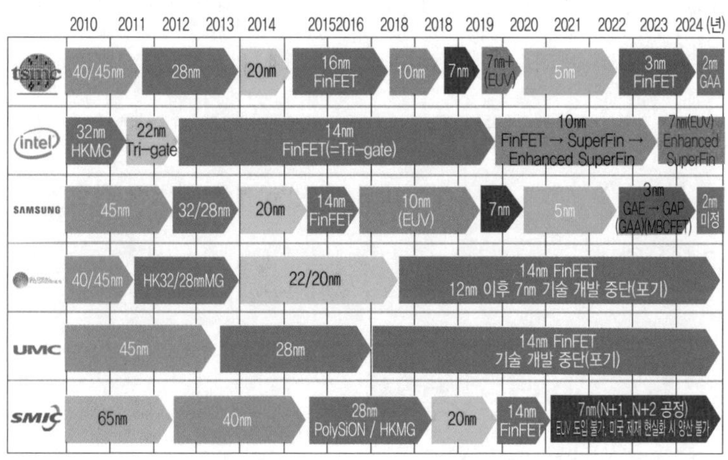

자료: SK증권

해 있던 글로벌 파운드리는 업황 개선과 정부 지원을 활용해 미국 나스닥에 좋은 조건으로 상장IPO할 수 있는 기회를 얻게 될 것입니다.

각종 전자 센서와 중저가 반도체를 만드는 8인치 파운드리 업체들은 저가의 중고 장비를 구해 증설 투자를 해왔습니다. 그런데 2021년 중고 장비 수요가 급증한 탓에 2020년부터 중고 장비를 구하기가 상당히 어려워졌습니다. 그동안 감가상각비 걱정으

로 신규 장비 구매를 자제해왔던 8인치 파운드리 업체들이 변할 수도 있는 상황입니다. 특히 미국의 별다른 제재가 없는 8인치는 중국이 강한 분야입니다. 미국이 8인치에서 생산되는 저렴한 부품들을 중국에서 사올 것인지, 미국 내에 12인치 파운드리에서 생산하는 방식으로 중장기적 수요 대책을 세울 것인지 관심이 가는 대목입니다.

2026년까지 미국으로 집중될 신규 하이엔드 파운드리 공장

미국 입장에서 냉전 시대 시각으로 보면, 중국은 세계적인 반도체 설계 기업을 가져서도, 세계적인 파운드리 업체를 가져서도 안 됩니다. 중국은 그저 저렴한 단순 부품만 생산해야 합니다. 미국은 그동안 경험해보지 못한 수준의 지원을 통해 하이엔드 파운드리가 가능한 TSMC와 삼성전자의 최첨단 공장을 유치하고, 인텔이 과거의 경쟁력을 되찾을 수 있도록 집중적으로 지원할 것입니다.

TSMC와 삼성전자는 각각 대만과 한국에 대한 신규 투자를 병행하겠지만, 어차피 주요 고객은 북미에 몰려 있습니다. 미국이 반도체 제조에 이어 첨단 제조업을 더욱 증가시키려는 중기 전략을 이어갈 것이기에 북미 투자를 늘릴 필요가 있습니다. 게다가 전 세계에서 미국이 제공하는 인센티브가 압도적으로 높은 수준으로 올라갈 것이며, 향후 중국에 EUV 노광장비 반입조차 막을 수도 있다는 리스크도 있습니다. 중국에 EUV 노광장비를 다룰 기회조차 주지 말자는 방침이 확고해지면, 중국에 진출한 한국 기업들이 EUV 노광장비를 반입하는 것도 일일이 허가를 받아야 할 수도 있습니다.

EUV는 2~3년 후부터 디램 생산에도 대폭 확대되어 사용될 것입니다. 따라서 SK하이닉스도 중국 내 메모리 반도체 생산에 문제가 발생하지 않도록 대비할 필요가 있습니다.

가장 먼저 5G+MEC를 준비한 중국의 몰락

5G와 MEC를 가장 공격적으로 준비한 국가는 다름 아닌 중국입니다. 중국은 통신장비 부문에서 1위를 달리고 있던 화웨이의 시장 지배력과 높은 가성비의 통신장비에 자회사 하이실리콘의 반도체를 결합시켜서 5G+MEC 솔루션을 제공하려고 했습니다. 아울러 스마트 시티

세계 최정상급인 화웨이와 하이실리콘의 5G+MEC 기술

자료: Dcpost, Edge computing consortium

와 스마트 제조 부문의 솔루션도 가장 앞서서 준비하고 있었습니다.

중국이 5G와 MEC 부문에서 가장 앞서가게 된다면, 인공지능과 관련된 서비스와 RPA 도입을 통한 스마트 제조 부문에서도 앞서가게 됩니다. 그리고 산업표준을 정하는 데에도 유리한 고지에 올라서게 됩니다. 중국의 MEC 도입은 미국을 포함한 경쟁국들보다 2년 정도 앞서 추진될 가능성이 컸습니다.

미국은 반도체 제조 경쟁력이 추락하고 있었으며, 5G 경쟁에서도 중국에 크게 밀리고 있었습니다. 이러한 추세가 이어지면

경쟁국들보다 2년 이상 앞서 있던 중국의 엣지컴퓨팅 도입 전략

자료: GSMA, SK증권

2027년에 중국에 GDP 규모만 역전되는 것이 아니라, 미래 성장 산업의 주도권을 넘겨줘야 할 상황이었습니다. 그래서 미국은 2018년 이후부터 중국의 반도체 굴기와 5G, MEC, 인공지능 도입 및 육성 정책을 노골적으로 공격한 것으로 분석되며, 결과적으로 앞서가려던 중국을 묶는 데 성공했습니다.

그러나 중국을 묶어놓는 것만으로는 부족합니다. 이제 미국은 반도체 산업의 주도권 잡기와 첨단 산업 육성을 동시에 추진하는 2단계 전략 시행기로 접어들었습니다.

밀려나는 화웨이+하이실리콘, 글로벌 M&A의 도화선이 되다

중국은 글로벌 시장을 석권할 것이라 생각했지만, 미국의 제재가 모든 것을 바꾸어놓았습니다. 화웨이는 물론, 반도체 부문을 담당했던 하이실리콘마저 시장에서 퇴출 위기에 놓여 있습니다. 가장 크게 성장할 것이라 예상되던 경쟁사가 시장에서 사라지게 되면서 미국의 반도체 기업들은 새로운 기회를 맞이하게 되었습니다.

가장 먼저 퀄컴이 나섰습니다. 퀄컴은 1와트당 가장 높은 수준의 인공지능 추론AI inferencing을 할 수 있는 'Cloud AI 100'이라는 제품을 공개했습니다. 5G와 인공지능은 엣지컴퓨팅의 혁명을 불러올 것이기에 5G Edge Box는 완전히 새로운 기회가 될 것이라 판단한 것입니다.

퀄컴뿐 아니라 모든 글로벌 반도체 업체가 5G와 MEC의 결합에 주목하고 있습니다. 퀄컴의 인공지능 플랫폼 진입은 엔비디아 입장에선 강력한 도전자의 등장을 의미합니다. 화웨이가 자랑하던 아틀라스Atlas 시리즈의 빈자리를 자신들이 차지할 것이라 생각했는데, 퀄컴이 신제품으로 치고 나왔기 때문입니다.

퀄컴과 같은 ARM 기반의 인공지능 가속기AI Accelerator들이 엔비

기존 가속기 대비 뛰어난 성능을 자랑하는 퀄컴의 Cloud AI 100

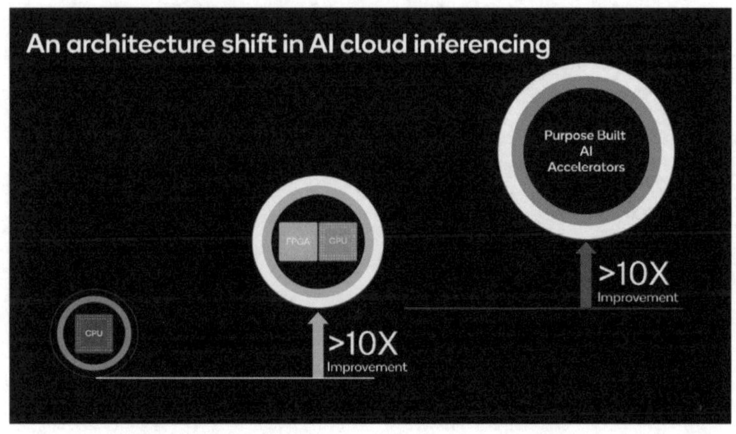

자료: 퀄컴, SK증권

디아 대비, 소비 전력 대비 우수한 성능을 자랑하며 나서자, 엔비디아는 ARM을 인수하기에 이르렀습니다. 물론 중국은 화웨이와의 관계를 저버린 ARM이 미국의 엔비디아에 인수되도록 보고만 있지 않을 가능성이 큽니다. 합병 반대 우려가 지속적으로 나오는 이유입니다.

ARM을 선택할 수 없는 AMD는 FPGA[Field Programmable Gate Array](프로그램이 가능한 비메모리 반도체) 시장에서 독보적인 경쟁력을 보유한 자일링스[Xilinx]를 인수하며 클라우드에서의 인공지능 추론 시

기존 제품 대비 우수한 전력 효율과 성능을 자랑하는 퀄컴의 Cloud AI 100 PCle

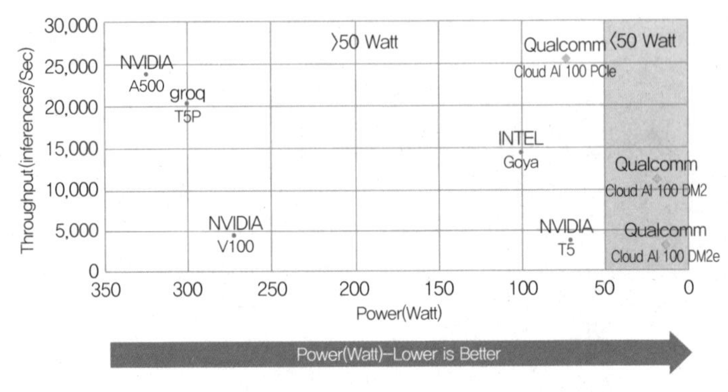

자료: 퀄컴, SK증권

글로벌 M&A 및 전략적 제휴 트렌드

엣지컴퓨팅에서 AI 액셀러레이터는 기존 x86 구조의 CPU에서 수많은 멀티 엑세스에 유리한 GPU 기반으로 변화

① ARM 기반 CPU 코어에 자체 GPU를 넣은 퀄컴의 AI 100 H/W 가속기 출시
② ARM을 인수하여 자체 GPU와 결합시켜 제품을 준비하는 엔비디아
③ 자체 GPU에 Xilinx의 FPGA를 통합하여 솔루션을 다양화하려는 AMD
④ 떨어지는 공정경쟁력을 TSMC에 맡기고, SSD 사업을 매각해 설비 투자는 최소화하며 제품 경쟁력을 혁신하려는 인텔(SK하이닉스는 장기적으로 자율주행 부문 및 MEC에서 Enterprise SSD, 디램, CIS, 파워 반도체 등을 인텔에 공급 기대)
⑤ AMD와의 GPU 협력을 통해 약점을 보완하고, NPU 개발에 집중하는 삼성전자

장에서 경쟁력을 강화했습니다. 결국 GPU 설계능력을 보유한 퀄컴, 엔비디아, AMD 모두 이 시장에 적극적으로 뛰어들게 된 것입니다.

이러한 변화는 인텔에서도 찾아볼 수 있습니다. 인텔은 최첨단 선단 공정 문제로 제품 경쟁력이 하락하고, CPU 시장점유율도 하락하고 있는 상황에서 클라우드와 인공지능 시장의 변화를 구경만 하고 있을 수는 없었을 것입니다. 그로 인해 인텔은 ① 하락한 제조 경쟁력을 일시적으로 대만의 TSMC에 의존하고, ② 설비

인텔의 낸드 사업 부문을 인수한 SK하이닉스

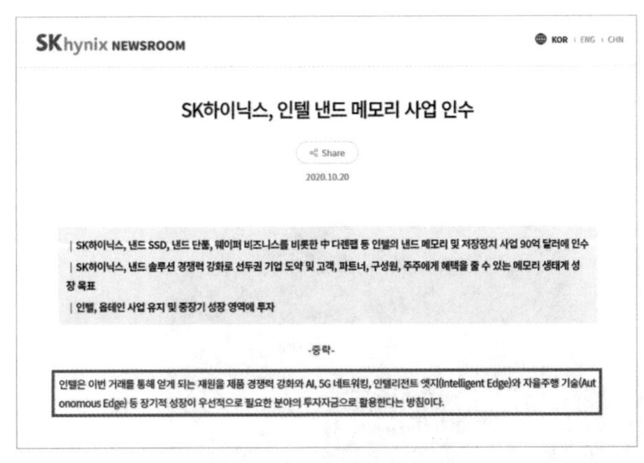

SKhynix NEWSROOM

KOR | ENG | CHN

SK하이닉스, 인텔 낸드 메모리 사업 인수

Share

2020.10.20

| SK하이닉스, 낸드 SSD, 낸드 단품, 웨이퍼 비즈니스를 비롯한 中 다롄팹 등 인텔의 낸드 메모리 및 저장장치 사업 90억 달러에 인수

| SK하이닉스, 낸드 솔루션 경쟁력 강화로 선두권 기업 도약 및 고객, 파트너, 구성원, 주주에게 혜택을 줄 수 있는 메모리 생태계 성장 목표

| 인텔, 옵테인 사업 유지 및 중장기 성장 영역에 투자

-중략-

인텔은 이번 거래를 통해 얻게 되는 재원을 제품 경쟁력 강화와 AI, 5G 네트워킹, 인텔리전트 엣지(Intelligent Edge)와 자율주행 기술(Autonomous Edge) 등 장기적 성장이 우선적으로 필요한 분야의 투자자금으로 활용한다는 방침이다.

자료: SK하이닉스

투자비가 많이 필요한 낸드 사업 부문을 SK하이닉스에 매각하고, ③ 23년 만에 새로운 외장 그래픽카드를 공개하며 GPU 시장으로 돌아왔습니다.

특히 인텔은 SK하이닉스에 낸드 사업 부문을 매각하며 '이번 거래를 통해 얻게 되는 재원을 인공지능, 5G 네트워킹, 인텔리전트 엣지Intelligent Edge와 자율주행 기술 등 장기적 성장이 우선적으로 필요한 분야의 투자금으로 활용한다'라는 방침을 구체적으로 명기했습니다. 2020년 글로벌 M&A 시장을 뜨겁게 달구었던 거대 테크 기업들의 거래가 알고 보면 모두 최적화된 인공지능 구현을 위한 준비 과정이었던 듯합니다.

더욱 놀라운 것은 인텔의 CEO가 팻 겔싱어Pat Gelsinger로 교체되었다는 사실입니다. 그는 네트워크 가상화 분야에서 글로벌 시장

◀ 인텔의 새로운 CEO 팻 겔싱어

을 선도하고 있는 VM웨어의 CEO였고, 인텔의 황금기를 함께한 멤버였습니다. 결국 새로운 CEO 체제에서 인텔이 주목하는 것도 '5G+통신사의 클라우드+MEC 구축 및 인프라 활용'을 통한 클라우드에서의 인공지능 추론 시장이 될 것입니다.

완전한 생태계를 원하는 미국

중국이 자랑하던 화웨이와 하이실리콘을 글로벌 시장에서 밀어냄으로써 미국이 얻은 성과는 주목할 만합니다. 화웨이는 글로벌 스마트폰 시장에서 1위 등극을 기대했으나, 지금은 애플의 스마트폰이 더 잘 팔리고 있습니다. 또한 통신장비 시장에서 독보적인 1위를 기대했으나, 지금은 미국과 EU 국가 등의 시장에서 입지가 빠르게 축소되고 있습니다. 특히 AP를 포함한 반도체 설계 부문에서 중국의 경쟁력은 현저하게 약화되었으며, 5G+MEC 결합을 통한 미래 산업에서의 주도권 확보 전략은 근본적인 위협에 처하게 되었습니다.

미국은 반도체 설계 부문에서의 성공에 이어 중국이 파운드리 시장에서 경쟁력을 확보하지 못하도록 막는 데에도 성공하고 있습니다. 중국 파운드리의 희망이었던 SMIC는 네덜란드의 ASML로부터 EUV 노광장비를 구하지 못해 고성능 칩을 위탁생산하는 하이엔드 분야에는 진입이 불가능합니다. 중국은 '반도체 설계 〉 위탁생산 〉 반도체 장비' 순으로 더 나은 경쟁력을 보유하고 있습니다. 현재 미국은 중국을 상대로 반도체 설계, 고성능 칩에 대한 위탁생산, 최고 성능의 반도체 장비 반입을 모두 막는 초고강도 제재를 가하고 있습니다.

미국은 자국의 반도체 업체들이 CPU, GPU, AP, FPGA 등 전 부문에서 글로벌 시장을 석권하도록 길을 열어주고 있으며, 가장 우려되었던 제조 경쟁력 부문을 적극적으로 지원하고 나섰습니다. 인텔이 충분한 재정적 지원을 받으며 설계부터 직접 제조까지 준비할 수 있도록 법령을 정비했고, 혹시라도 발생할 수 있는 중국의 대만 침공 리스크를 해결하기 위해 TSMC 및 삼성전자의 파운드리 생산 라인을 매우 적극적으로 유치할 것입니다. 미국은 이에 더해 반도체 패키징 및 검사를 수행하는 OSAT 분야까지 자국에 구축하여 완전한 생태계 구축을 이룰 것으로 전망됩니다.

미국은 국가 전체로는 반도체 R&D가 매우 높으나, 정부의 R&D 기여도가 낮아 개발 기업의 부담이 높다는 단점을 가지고 있습니다. 미국은 설비 투자가 높은 제조 부문이 취약하며, 특히 설비 투자와 인건비를 동시에 필요로 하는 조립, 패키징 및 검사 부문이 절대적으로 취약합니다. 따라서 미국의 반도체 제조 굴기는 ① 반도체 R&D 예산 확대, ② 미국 내 반도체 공장 유치를 위한 보조금 및 세제 혜택 지원, ③ 미국이 매우 취약한 반도체 후공정 부문 육성을 위한 적극적인 정책이 수립될 수밖에 없습니다.

Winner's Club

코로나19가 초래한 근본적인 산업 구조 변화와 미국과 중국의 GVCs 내재화로 인한 탈세계화 추세는 중기적으로 변하기 어려울 전망입니다. 이러한 추세가 지속된다면, 중국 반도체 기업들이 글로벌 플레이어로 성장하기는 상당히 힘들 것입니다. 반면 미국은 글로벌 반도체 공급망의 국내 유치를 위해 총력전을 펼치며 지원할 것으로 예상됩니다.

8인치 및 12인치 팹을 소유한 주요 미국 기업

기업	위치	웨이퍼	공정 및 제품
온세미컨덕터	Mountain Top, Pennsylvania	8인치	350~1000nm/MOSFET
	South Portland, Maine	8인치	180~1500nm/Analog CMOS, BCDMOS, Bipolar, SiC EPI
	Procatello, Idaho	8인치	350~1500nm/Analog CMOS, BCD, Advanced Discrete, and Custom
	Nampa, Idaho	8인치/12인치	Color Filter Array and Micro lens(for CMOS)
	Gresham, Oregon	8인치	110~500nm/Digital and Analog CMOS, BCD, EEPROM, Trench PowerFET's
글로벌파운드리	East Fishkill, New York	12인치	14nm, 22~90nm/Foundry, RF SOI, SOI FinFET, SiGe, SiPh
	Malta, New York	12인치	12, 14, 22, 28nm/Foundry, High-K Metal Gate, SOI FinFET
	Essex Junction, Vermont	8인치	90~350nm/Foundry, SiGe, RF SOI
NXP 반도체	Austin, Texas	8인치	250nm/MCU, MPU, power management devices, RF transceivers, amplifiers, sensors
	Austin, Texas	8인치	90nm/MCU, MPU, power management devices, RF transceivers, amplifiers, sensors
	Chandler, Arizona	8인치	180nm/MCU, MPU, power management devices, RF transceivers, amplifiers, sensors
텍사스인스트루먼트	South Portland, Maine	8인치	180, 250, 350nm
	Dallas, Texas	8인치	180nm
	Dallas, Texas	6인치/8인치	500~1000nm
	Richardson, Texas	12인치	180, 130nm
	Dallas, Texas	12인치	45nm, 65~130nm
타워세미컨덕터	San Antonio, Texas	8인치	180nm/Power, RF Analog
인텔	Hillsboro, Oregon	12인치	7nm, 10nm, 14nm, 22nm
	Chandler, Arizona	12인치	7nm, 10nm, 14nm, 22nm
	Rio Rancho, New Mexico	12인치	32nm, 45nm

자료: 각 사, SK증권

미국 내 생산 시설을 보유한 기업들

현재 반도체 공급 부족이 산업에 미치는 영향을 고려할 때, 미국은 고가 반도체부터 저가 반도체까지 모든 제품을 만들 수 있는 공급망을 구축할 것으로 전망됩니다. 8인치 및 12인치 팹을 소유한 주요 미국 기업으로는 인텔, 글로벌 파운드리, NXP반도체 NXP Semiconductor, 텍사스 인스트루먼트Texas Instruments, 타워 세미컨덕터Tower Semiconductor, 온세미컨덕터On Semiconductor 등이 있습니다.

인텔의 제조 역량 강화와 미국 반도체 제조 굴기의 접점

미국 반도체 제조 굴기의 핵심은 미국이 제조 역량을 확보하는 것입니다. 미국이 반도체 제조 역량을 최고조로 끌어올리려면 ① TSMC와 삼성전자 같은 해외 기업이 최첨단 공정을 도입한 공장을 미국 내에 설립하거나 ② 미국 기업이 최첨단 공정을 개발해 미국 내에 공장을 설립해야 합니다.

일단 미국은 TSMC와 삼성전자가 미국 내에 최첨단 공정을 도입한 공장을 설립하도록 인센티브를 제공할 계획입니다. 그러나 국가 안보 관점에서 본다면, 미국 기업인 인텔의 역량 개선이 절실합니다. 따라서 현재 미국 내에서 가장 앞서 있는 인텔은 공장

장기적으로 하이엔드 파운드리 수행이 가능한 미국 기업은 인텔 뿐

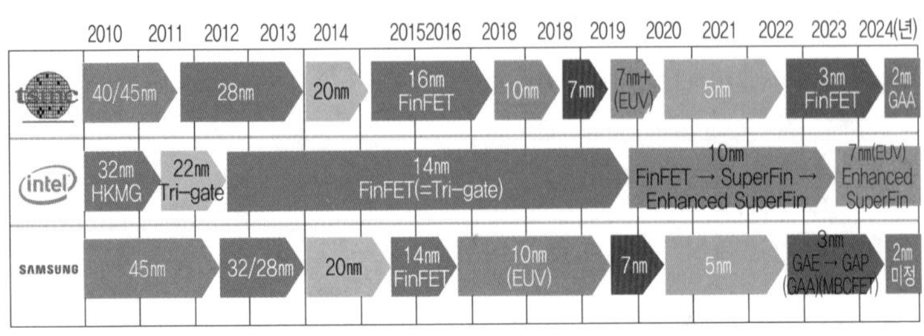

자료: SK증권

설립에 따른 지원 이외에도, 국방부로부터 강력한 지원을 받을 수 있을 것입니다.

물론 인텔이 EUV를 적용한 공정 개발을 빠르게 해내지 못할 수도 있습니다. 하지만 미국 정부 입장에서는 인텔을 포기할 수 없습니다. 만약 미국 정부의 기대와 달리 인텔이 제조 경쟁력을 회복하지 못한다면, 대만의 TSMC 팹이 아닌 미국의 TSMC 팹에서 제품을 생산할 수 있도록 할 것입니다.

TSMC와 삼성전자

TSMC와 삼성전자가 미국 내에 설립해야 할 팹은 5nm 이하 최

첨단 공정이 적용된 시설입니다. 일반적인 경우라면 대규모 공장 건설에 따른 설비 투자 부담이 급증할 수 있지만, 미국의 적극적인 반도체 제조 굴기로 인해 업체들의 부담이 상당히 줄어들 것으로 예측됩니다. TSMC는 ① 지정학적 리스크를 줄일 수 있고, ② 최근 기후 위기에 따른 용수 부족 문제를 피할 수 있으며, ③ 미국 정부로부터 최대한의 지원을 받을 수 있는 기회를 놓치지 않을 것입니다. 2021년 4월에 발표된 TSMC의 '3년간 1000억 달러 투자'는 미국 정부의 투자세액공제가 2024년까지 가장 높은 수준(40%)임을 감안한 결정입니다.

삼성전자는 미국의 정책을 어떻게 활용하느냐에 따라 더욱 다양한 시나리오가 가능합니다. 현재 하이엔드 파운드리 구도는 TSMC와 삼성전자의 양강 구도인데, 미국 정부의 집중적인 지원으로 인텔이 성공적으로 회복되면 3강 구도로 바뀔 수 있습니다. 만약 삼성전자가 TSMC와 인텔 대비 미국의 정책을 적극적으로 활용하지 못하거나, 미국이 국가 안보와 연계시켜 원산지 규정을 강화한다면 상대적으로 어려워질 수도 있습니다. 그러나 미국이 중국에 EUV 노광장비를 공급하지 못하게 한다고 가정하면, 미국에 파운드리 증설을 공격적으로 고려해볼 필요가 있습니다.

삼성전자는 파운드리 사업을 분사하여 미국 나스닥에 상장하고, IPO를 통해 얻은 재원을 활용해 새로운 투자 재원을 마련하는 방안도 고려할 수 있습니다. 향후 3년간은 파운드리 산업이 높은 가치로 평가받을 수 있을 것이며, 전 세계적으로 수요가 급증할 SiC와 같은 화합물 반도체Compound Semiconductor 부문에도 진출을 고려할 수 있을 것입니다.

글로벌 반도체 장비업체

향후 미국에 파운드리 투자가 집중될 것이라는 사실을 고려하면, 미국에 본사를 둔 어플라이드 머티어리얼즈Applied Materials와 램리서치Lam Research 같은 반도체 장비업체들의 미래는 대단히 밝습니다. 2022년은 낸드 투자가 확대되어야 하는 시점이고, 2023년은 MEC를 위한 반도체 수요가 증가하는 구조적 호황기 진입 시점이며, 2024년은 미국 정부의 투자세액공제가 40% 적용되는 마지막 해입니다. 중기적 투자 강도는 '파운드리 〉 낸드 〉 디램' 순으로 전망합니다.

물론 모든 반도체 투자의 중심은 네덜란드의 ASML입니다. 12인치 반도체 팹을 지으려면, ASML의 노광장비는 필수적입니다. 전반적인 부품 가격 상승과 공정 미세화의 진전에 따라 장비 가격은 점점 더 상승할 것으로 전망되며, 코로나19가 다소 진정됨에 따라 제조 인력 증원 및 생산량 증가도 기대할 수 있습니다. 아울러 EUV 장비에 들어가는 공급망에 속해 있는 반도체 장비업체 KLA텐코KLA-Tencor, 레이저텍Lasertec 등의 미래도 매우 밝습니다. 아래 공급망을 정리한 표에는 기재되지 않았지만, 일본의 도쿄일렉트론Tokyo Electron 장비들도 EUV 공정을 구성하는 데 독점에 가까운 수혜를 받고 있습니다.

미국 반도체 제조 굴기의 표면적 취지는 2030년까지 경제적 지원이 없다면 중국으로 집중될 반도체 팹을 미국에 유치하자는 것입니다. 미국과 중국이 서로 자력갱생할 수 있는 배타적인 반

선단 공정의 핵심 밸류체인

		7nm	5nm	3nm	players include
Blank (mask substrate)	Deposition				Veeco, APPLIED MATERIALS
	Inspection				KLA Tencor, Lasertec
Mask patterning	Patterning				NuFLARE, JEOL, IMS Nanofabrication
	Etch				APPLIED MATERIALS
	Clean				SUSS MicroTec, APPLIED MATERIALS
	Inspect				KLA Tencor, HMI, NuFLARE, Lasertec
	Defect review				Lasertec, ZEISS
	Repair				ZEISS, RAVE, HITACHI Inspire the Next
Mask handing	Mask pellicles				ASML
	Mask pod				Entegris
Resist	Resist				JSR, ShinEtsu, tok, Inpria

자료: ASML, SK증권

도체 공급망 구축을 원하는 한, 2030년까지 거액의 설비 투자가 기대되는 기업은 중국이 아닌 미국에 투자하려는 기업들입니다. 국내에서 파운드리 분야의 매출 비중이 높은 기업은 원익IPS와 피에스케이 등이 있습니다.

반도체 부품과 소재

미국에는 다우DOW, 듀폰Dupont, 에어프로덕츠Air Products & Chemicals, 에어리퀴드Air Liquide 등의 글로벌 기업들이 활동하고 있으며, JSR의 EUV PRPhoto Resist 생산 시설도 이미 투자되어 있습니다. 향후 차세대 PR 시장에서 활약이 기대되는 인프리아Inpria도 미국 기업입니다.

그러나 삼성전자의 미국 투자가 확대되면, 오랫동안 비즈니스 관계를 갖고 미국에 진출해 있거나 향후 진출할 의사가 있는 국내 기업들에도 기회가 찾아올 것입니다. 솔브레인, 이엔에프테크놀로지와 같은 기존 미국 진출 기업들은 물론, 투자 여력이 충분한 SK머티리얼즈의 전략도 주목할 필요가 있습니다.

OSAT 및 관련 장비 시장

반도체 제품을 위탁생산하는 파운드리의 중요성이 높아지면서 파운드리에서 생산한 칩의 패키징, 즉 상품화를 위해 조립하거나 검사하는 후공정의 중요성도 높아지고 있습니다. 미국이 파운드리 산업의 메카가 되기 위해 중국 이상으로 강력한 육성책을 도입한 만큼, 패키징과 검사를 담당하는 앰코Amkor와 같은 후공정 업체들의 미래도 상당히 밝습니다. 또한 5nm 이하의 최첨단 공정이 증가하게 될 것이므로 포고핀POGO Pin, AFM(원자현미경) 분야의 급성장이 기대되며, 파운드리의 특성상 레이저 마커Laser Marker와 드릴러Driller 등 보편적으로 사용되는 후공정 장비업체들의 실적도 기대할 수 있습니다.

화합물 반도체 시대가 다가온다

화합물 반도체는 원소주기율표의 2개 이상 그룹에 속한 화학 원소로 구성됩니다. 어플라이드 머티어리얼즈의 소개 자료에 따르면, 화합물 반도체는 다이렉트 에너지 밴드 갭Band Gap, 높은 절연 파괴 전기장, 높은 전자이동도 등 실리콘에 비해 독특한 소재 특성을 지녀 광자, 고속, 고성능 소자 기술 구현이 가능합니다. 화합물 반도체 내부의 전자는 실리콘 반도체에 비해 훨씬 빠르게 이동해 기존 대비 100배 이상 빠른 속도로 구현될 수 있습니다.

화합물 반도체는 더 낮은 전압에서 작동하고 빛을 방출 및 감

Si, 4H-SiC, GaN 물성 비교

특성(단위)	실리콘(Si)	실리콘카바이드 (4H-SiC)	갈륨나이트라이드 (GaN)
밴드갭(eV)	1.12	3.26	3.5
전자 이동성(㎠/V·S)	1,400	900	1,250
열 전도성(W/㎝·K)	1.5	4.9	1.3
절연파괴전계(MV/㎝)	0.3	3	3.3

자료: SK증권

지합니다. 또한 극초단파를 생성하며, 자기적 민감성과 열 저항성이 있습니다. 화합물 반도체는 이런 특징으로 기존 소재가 데이터를 저장, 라우팅, 전달, 탐지하는 데 소비하는 에너지의 극히 일부만 사용합니다. 5G와 사물인터넷, 전기차 등 모든 분야에서 가장 필요로 하는 조건을 충족하는 것입니다.

미국의 글로벌 공급망 내재화가 반가운 기업은 SK가 될 수 있습니다. 화합물 반도체는 한국이 특히 취약한 분야이지만, SK의 자회사인 SK실트론이 듀폰의 실리콘 카바이드 웨이퍼Silicon Carbide Wafer 사업부를 인수했습니다. 화합물 반도체는 큰 사이즈의 웨이퍼를 만들기가 상당히 어려워 4인치와 6인치 웨이퍼가 주를 이루지만, 미국 기업 크리Cree는 8인치 웨이퍼를 양산하고 있기에 높은 밸류에이션Valuation(가치평가)을 적용받고 있습니다. 이미 반도체 웨이퍼 분야에서 기술력을 인정받은 SK실트론이 8인치 웨이퍼 양산에 성공한다면, 화합물 반도체 시장에서의 입지가 크게 개선될 것입니다.

CHIP WAR

PART 9

새로운 시대, 새로운 역할

큰 정부Big Government 시대의 부활

전통적인 경제학자들은 대부분 시장과 산업에 대해 정부 개입을 최소화하는 것이 최선의 산업 정책이라고 주장했습니다. 하지만 제2차 세계대전 이후 빠르게 성장한 국가들의 이면에는 정부 주도형 사업 육성 정책이 존재해왔습니다.

우리가 일상에서 사용하고 있는 인터넷도 알고 보면 1960~1970년대 미국 국방부 산하 고등 연구국 아르파ARPA, Advanced Research Procejts Agency의 연구용 네트워크가 시초입니다. 이는 동서 냉전이 한창이던 시기에 핵전쟁 등의 상황에서도 살아남을 수 있는 네트워크를 준비하면서 생겨났습니다. 그리고 네비게이션에서 흔하게 사용하고 있는 GPS부터 위성통신, 인공위성의 궤적을 계산하기 위한 슈퍼컴퓨터에 이르기까지 정부가 주도해온 기술들이 미래 산업의 핵심 기술이 되기도 했습니다.

그동안 트럼프 정부가 추진해왔던 일방적인 통상 정책은 단기적으로 중국의 부상을 지연시킬 수 있으나, 첨단 제조업으로의 전환이 반드시 필요한 미국의 경제 혁신을 달성할 수는 없습니다. 따라서 민관 협력을 통해 정교하게 조율된 미국의 산업 혁신은 지금까지 보기 어려웠던 수준으로 정부가 이끌어나가는 형태를 보여줄 것입니다. 대규모 인프라 투자, 반도체로 대표되는 첨단 부품 산업의 내재화, 미래를 선도할 핵심 기술의 경쟁력 확보, 수입이 아닌 수출을 할 수 있는 첨단 제조업 강화, 첨단·안보 기술 혁신은 미국의 산업 정책에서 핵심으로 자리 잡게 될 것입니다.

미국의 반도체 산업 육성 정책은 중국의 반도체 굴기에 상당히 큰 영향을 받았지만, 지원 규모 및 획득 가능한 기술 수준으로 보면 중국을 훨씬 능가합니다. 하지만 2021년 샤오캉 사회 건설이라는 첫 번째 백 년의 꿈을 달성하고, 2022년부터 새로운 10년의 권력을 확보하기 위한 시진핑 정권의 반도체 굴기는 중단되지 않을 것입니다. 중국과 EU는 물론, 한국과 일본도 첨단 제조업에서 물러날 수 없다는 측면을 고려하면, 전 세계 주요 지역에서 정부의 역할은 더욱 커질 수밖에 없습니다. 코로나19 이후 전 세계에서 빈익빈 부익부 격차가 더욱 벌어지고 있는 가운데, 국가 간 경쟁도 제4차 산업혁명시대의 패권 확보를 위해 더욱 치열해질 것입니다.

산업 구조를 보면 미국의 정책이 보인다

미국은 10nm 미만의 EUV 노광장비를 사용하는 최첨단 파운드리를 전혀 가지고 있지 않습니다. 10~22nm의 파운드리 생산능력은 43% 가지고 있지만, 28nm 이상의 제품군을 만드는 파운드리는 10% 이하의 생산능력을 보유하고 있습니다. 따라서 미국은 10nm 미만의 첨단 제품을 만드는 하이엔드 파운드리와 28nm 이상의 제품군을 만드는 미드·로우엔드 파운드리의 생산능력을 동시에 증가시켜야만 합니다. 아날로그Analog, 광전자 및 기타 반도체 소자를 포함한 DAO 부문의 생산능력도 19%로, 글로벌 반도체 생산능력에서 미국이 차지하는 비중은 13%에 불과합니다.

EUV 노광장비를 사용하는 최첨단 공정의 파운드리를 보유한

국가별 웨이퍼 제조능력 분석(2019년 기준)

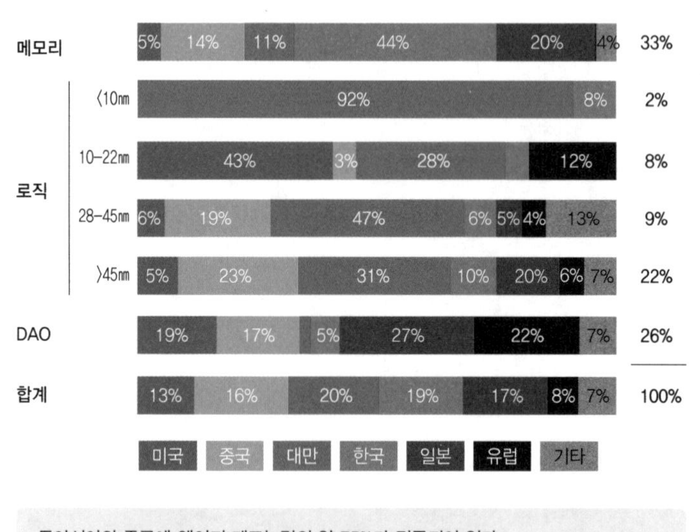

동아시아와 중국에 웨이퍼 제조능력의 약 75%가 집중되어 있다.
특히 10㎚ 미만의 로직은 대만과 한국에만 있다.

자료: SIA, SK증권

국가는 대만(TSMC)과 한국(삼성전자)이 유일합니다. 따라서 미국은 자국 회사인 인텔이 최첨단 공정을 개발할 수 있도록 지원해주는 동시에 TSMC와 삼성전자의 파운드리 공장을 미국에 유치할 수 있도록 최상의 지원책을 제시할 것입니다.

인텔은 이러한 정부 시책에 힘입어 2024년까지 200억 달러(약

22조 6000억 원)를 투자해 미국 내에 2개의 반도체 공장을 신설하겠다고 밝혔습니다. 첨단 공정을 보유하게 되면 현재 저가 CPU를 생산 중인 22㎚ 공장은 파운드리 용도로 사용이 가능할 것입니다.

그동안 CPU, GPU, AP 위탁생산 수주에 실패하며 힘겨워했던 글로벌 파운드리의 약진도 기대됩니다. 과거 AMD의 실리콘 웨이퍼 제조 부문이 분사하여 만들어진 글로벌 파운드리는 대규모 투자가 불가능했습니다. 그러나 시스템 반도체 공급 부족에 따른 급격한 가격 인상에 기인한 수익성 개선, 그리고 미국 정부의 대규모 투자세액공제와 직간접적 지원이 더해지면서 신속한 미국 나스닥 상장 추진을 통해 대규모 자금 확보가 가능해졌습니다. 글로벌 파운드리는 이 자금을 통해 2024년 이내에 새로운 반도체 공장을 미국 내에 증설할 계획입니다.

미국은 첨단 공정을 보유하고 있거나 개발이 가능한 3대 파운드리 업체의 주력 생산 공장이 모두 미국 내에 자리 잡길 희망합니다. TSMC와 삼성전자에 이어 인텔까지 미국에 새로운 공장을 짓는다면, 미국은 2024년까지 시스템 반도체 산업의 생태계를 미국 중심으로 조성할 수 있을 것입니다.

화웨이와 하이실리콘이 퇴출된 상황에서 미국이 칭화유니그룹의 UNISOC까지 제재를 가한다면 팹리스 부문도 지배할 수 있을 것입니다. 물론 중국이 미국의 엔비디아와 ARM이 합병하는 것을 반대할 수는 있지만, 자국의 반도체 설계 부문 육성을 위한 M&A가 완전히 막혀 있는 데다, 설계한 제품을 최첨단 공정에서 직접 만들어볼 수도 없고 양산도 불가하기 때문에 글로벌 시장의 주역으로 산업을 키워나갈 가능성이 낮습니다.

따라서 미국은 엔비디아, 퀄컴, AMD, 인텔을 중심으로 한 자국 및 동맹국들의 반도체 기업들이 팹리스 부문을 지배하고, 동아시아 지역에 편중되어 있는 파운드리 부문도 미국과 동맹국들만 보유할 수 있도록 배타적인 반도체 생태계를 구성할 것으로 전망됩니다.

미국이 메모리 반도체 산업에 미칠 영향

현재까지 미국의 반도체 산업 육성 방안은 파운드리 부문에만 지나치게 집중되어 있습니다. 그러나 첨단 제조업을 가지려면 시스템 반도체만으로는 부족하기 때문에 미국은 결국 메모리 반도체 부문에도 대규모 지원을 할 가능성이 큽니다.

메모리 반도체는 전체 반도체 시장의 33%를 차지하는 큰 부문인데, 글로벌 메모리 반도체 생산능력의 5%만 미국 내에 위치하고 있습니다. 2021년 3월 미국의 마이크론은 인텔과 함께 차세대 메모리 반도체로 키우겠다던 3D 크로스 포인트3D Xpoin 사업에서 철수하며, 현재 생산 중인 반도체 제조 공장을 매각하겠다고 밝혔습니다.

마이크론 입장에서는 3D 크로스 포인트를 제외한 자사의 메모리 반도체 부문을 인텔에 매각하는 방안이 있고, 인텔이 인수하지 않는다면 파운드리 업체에 파는 방안이 있습니다. 인텔은 데스크톱 PC와 노트북에서의 3D 크로스 포인트 시장에서는 한 발 물러나 있지만, 기업용 Enterprise SSD 시장에서는 의욕을 불태우고 있기 때문에 인텔의 인수가 유력합니다. 만약 인텔이 인수하지 않는다면, 차세대 제품 출시가 더욱 늦어지게 될 가능성이 큽니다.

마이크론이 3D 크로스 포인트 제조 공장을 매각하면서도 미국 내 신규 공장 투자를 발표하지 않은 것도 흥미로운 부분입니다. 그리고 일본은 미국의 글로벌 반도체 공급망에 내재화되기 위해 마이크론의 생산 공장이 일본에 더 지어지거나, 어려움에 처해 있는 자국의 낸드플래시 메모리 생산업체인 키오시아를 도울 수 있는 방안을 찾을 것으로 예상됩니다. 그러나 마이크론이 진정으로 원하는 것은 파운드리 못지않게 메모리 반도체 산업에도 유사한 지원을 해달라는 것입니다.

마이크론 입장에서는 아무 대가 없이 국제 관계의 짐을 짊어져야 할 필요가 없습니다. 나날이 형편이 어려워지고 있는 키오시아를 높은 가격에 인수하거나, 정부의 강력한 지원 없이 자비를 들여 미국 내에 메모리 반도체 생산 공장을 증설할 이유도 적습니다. 따라서 미국 정부는 파운드리와 마찬가지로 중국을 제외한 모든 기업의 메모리 반도체 공장 및 R&D 센터 유치를 위한 2차적인 지원에도 나설 것으로 전망됩니다.

반도체 공급 부족의 끝과 맞닿은 미국 반도체 굴기

2021년을 강타하고 있는 반도체 공급 부족은 산업 구조의 변화와 반도체 제조업체들의 설비 투자 불균형으로 인해 발생한 전형적인 수급 불균형입니다. 코로나19와 테슬라가 촉발시킨 전기차와 자율주행 경쟁, 클라우드 기반 인공지능으로의 가속화 및 엣지컴퓨팅 시대의 전환에 따른 변화는 앞으로도 반도체 산업의 수요를 이끌어갈 것입니다. 그리고 이러한 공급 부족 해소는 사실상 생산 설비 증설 외에는 불가능하며, 전 세계 반도체 생산 설비 증설은 미국이 투자세액공제를 40%까지 제공하는 2024년까지 미국 위주로 이루어질 전망입니다.

미국은 중국 반도체 관련 기업들에 추가적인 제재를 가할 것이며, 중국 내 EUV 노광장비 반입을 포함한 첨단 반도체 제조 설비에 대한 수출도 더욱 목을 조일 것으로 예상됩니다. 따라서 중국의 반도체 굴기는 자력갱생에 기반한 자국의 기술 자립으로 이루어져야 하는데, 중국은 미국의 동맹국들에 비해 반도체 설비 부문 기술력이 떨어집니다. 그리고 한국 기업들이 중국 내에 공장을 설립한다 해도 미국이 최첨단 설비 반입을 제한할 가능성이 크고, 중국이 한국 기업들의 한국 내 설비 투자 확대를 지원하며 최첨단 반도체를 받아가는 것도 블랙리스트 제도를 활용해 막을 것으로 전망됩니다.

결론적으로 현재 진행 중인 글로벌 반도체 공급 부족 사태는 미국에서 충분한 증설이 이루어지는 2023~2024년에 완화될 것입니다.

투자자들에게 찾아온 커다란 기회

전 세계에서 가장 효율적으로 수요와 공급이 배분되어왔던 반도체 공급망이 재편되고 있습니다. 새로운 냉전이 찾아왔고, 이러한 현상은 단기간에 해소될 수 없습니다. 이제는 중국이 미국에게 한 수 접고 들어간다 하더라도, 중국의 세계 재패의 꿈이 모두 드러났기 때문입니다. 하늘 아래 두 개의 태양이 있을 수는 없습니다.

배타적인 반도체 공급망을 새롭게 건설하고자 하는 미국의 반도체 육성 전략은 성공할 가능성이 매우 큽니다. 단기간에 동아시아, 특히 중국과 대만에서 발생할 수 있는 리스크를 줄여야만 하는 상황에 처한 미국은 지금까지 지켜왔던 시장주의까지 포기하며 파격적인 지원을 시작했습니다. 따라서 네덜란드를 중심으로 한 EU, 대만, 일본, 한국 등 미국의 전통적인 동맹국 반도체 업체들은 새로운 환경을 맞이하게 될 것입니다.

조금만 눈을 돌려 글로벌 반도체 산업의 변화로부터 수혜를 받을 수 있는 업체 위주로 나스닥과 한국의 투자 비중을 조절하고, 새로운 반도체가 사용되는 수요처가 있는 기업들의 투자 비중을 높이면 제4차 산업혁명과 관련된 멋진 포트폴리오를 구성할 수 있을 것입니다. 지금은 미래의 패권 구도가 상당히 명확해지고 있는 시점입니다.

진정한 슈퍼 사이클은 이제 시작

우리는 지금 얼마나 많은 인공지능 서비스를 받고 있을까요? 10년 전과 비교하면 상상할 수도 없을 만큼 좋아졌다고 느낄 수도 있지만, 10년 뒤에 과거를 돌아보면 '이런 시절이 있었구나'라는 생각이 들 정도로 현재의 서비스 수준은 매우 낮습니다.

저명한 미래학자 레이 커즈와일Ray Kurzweil은 자신의 저서 『특이점이 온다The Singularity is Near』를 통해 '특이점은 미래에 기술 변화 속도가 매우 빨라지고 그 영향이 매우 깊어 인간의 생활이 되돌릴 수 없도록 변화되는 시기를 뜻한다'고 했고, '진화는 인간을 창조했고, 인간은 기술을 창조했으며, 이제 인간은 점점 발전하는 기술과 합심해 차세대 기술을 창조하고 있다. 특이점의 시대에 이르러서는 인간과 기술 간의 구별이 사라질 것이다'라고 언급했습니다.

특이점 타임라인

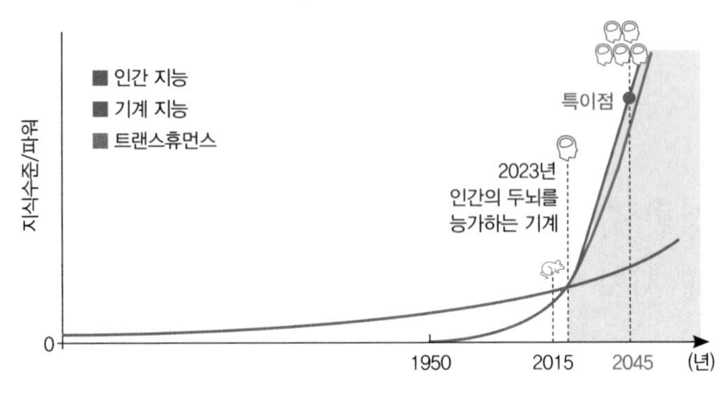

자료: IMF, SK증권

현실로 다가오고 있는 제4차 산업혁명은 특이점을 만들기 위해 달려가고 있습니다. 이는 앞서 소개한 독일의 철학자 헤겔의 '양질 전환의 법칙'과도 상당 부분 일치합니다. 제4차 산업혁명은 인공지능이 인간을 대체하거나 넘어서는 특이점의 수준에 도달할 때까지 가파르게 진행될 것이며, 모든 산업의 근간을 이루고 있는 반도체 산업의 진정한 슈퍼 사이클Super Cycle은 이제 시작입니다.

바둑기사 조치훈 9단은 "컴퓨터에게 바둑을 지게 될 때, 그때가 인간이 끝나는 날이다"라고 말했고, 스티븐 호킹Stephen Hawking

인간 지능을 넘어서는 AI 기술의 발전

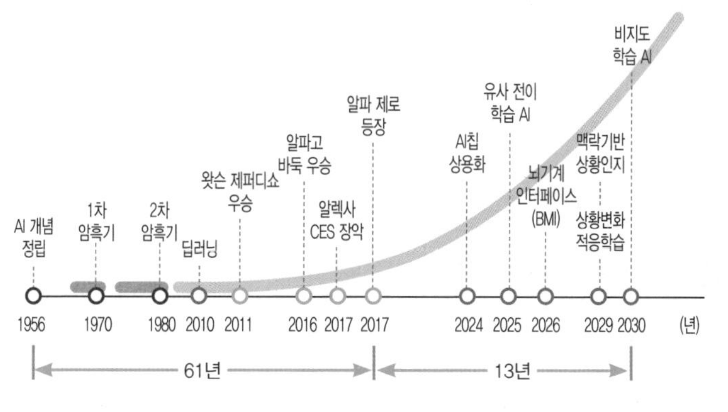

자료: IMF, SK증권

◀ 영화 〈아이언맨〉에서 아이언맨이 만든 AI 비서 '자비스'

박사는 "인공지능이 인류의 멸망을 가져올 수 있다"라고 말했습니다. 그러나 지나치게 비관적인 시각을 가질 필요는 없습니다. 영화 〈아이언맨〉에서 AI 비서 자비스Jarvis를 만든 아이언맨이 인류에 큰 공헌을 했던 것처럼 우리도 새로운 시대에 걸맞는 역할을 할 수 있을 것이라 생각합니다.

위기를 기회로 변화시켜야 하는 한국

미국이 시장에 맡겨두지 않고 대규모 투자세액공제와 보조금 지원을 통해 글로벌 반도체 산업을 재편시키겠다는 전략을 선택한 이유는 더 이상 산업 구조의 변화 없이는 중국을 이기기 어렵기 때문입니다. 그리고 절대 간과하면 안 되는 사실은, 미국 정부가 지출하는 반도체 R&D 투자도 유례없는 수준까지 올리게 될 것이라는 점입니다. 미국 반도체산업협회가 권고문을 통해 밝힌 것처럼, 미국은 정부의 반도체 R&D 지출 확대를 통해 국가 안보는 물론 연관 산업에 대한 직접적인 육성에 나설 것입니다.

이제 글로벌 모든 지역에서의 반도체 R&D 경쟁은 격화될 것이고, 정부 지출의 효율성이 더욱 중요해질 전망입니다. 그러나 신생아 수가 급감하고 있는 인구구조상 한국은 장기적으로는 절대적으로 불리한 구조에 놓일 수 있습니다. 산학연(산업계와 학계,

연구 분야를 아울러 이르는 말) 협력을 부르짖고 있지만, 현실은 매우 열악합니다. 대학에선 최첨단 EUV를 구경하기조차 어렵고, 경쟁국인 중국과 비교해도 한국이 더 우월한 지원책을 보유하고 있다고 할 수 없습니다.

중국 최고의 명문대 중 하나인 칭화대학교는 2021년 4월, 반도체 단과대학을 설립한다고 발표했습니다. 칭화대학교의 반도체 단과대학은 마이크로 전자, 나노전자, 전자공학과를 합쳐 출범했는데, 이는 중국이 공격받고 있는 반도체 재료, 소자, 회로 설계, 아키텍처 개발까지 산학연이 하나로 뭉쳐 상황을 극복하겠다는 전략의 일환입니다. 칭화대학교가 보유한 반도체 설비는 YMTC와 SMIC에 결코 뒤지지 않는 수준이며, 정부의 지원은 무제한에 가깝습니다. 입학생의 수준도 중국 내에서 가장 높은 커트라인을 유지할 수 있을 것으로 전망됩니다.

반도체는 결국 인재제일人才第一의 산업입니다. 한국이 메모리 반도체와 시스템 반도체, 파운드리에서 압도적인 기술력을 보유한 것은 아닙니다. 1~2년만 경쟁사 대비 계획이 어긋나게 되면, 글로벌 경쟁사들에게 충분히 따라잡힐 수 있습니다. 또한 반도체 산업에서 보유하고 있는 초超 격차를 유지하지 못한다면, 글로벌 역학 구도에서 가지고 있는 지정학적 중요성도 약화될 수 있습니다. 정부의 적극적인 지원과 기업의 인력 육성 정책이 경쟁국 대비 조금만 뒤처져도 글로벌 투자자들의 관점에서 매력적인 투자처가 바뀔 수 있는 것입니다. 반도체 산업에서 승자의 조건을 확보하는 극소수의 국가만이 제4차 산업혁명의 주도국으로 번영을 누리게 될 것입니다.

부록

글로벌 반도체 산업의 부가가치 창출 구조(2019년 기준)

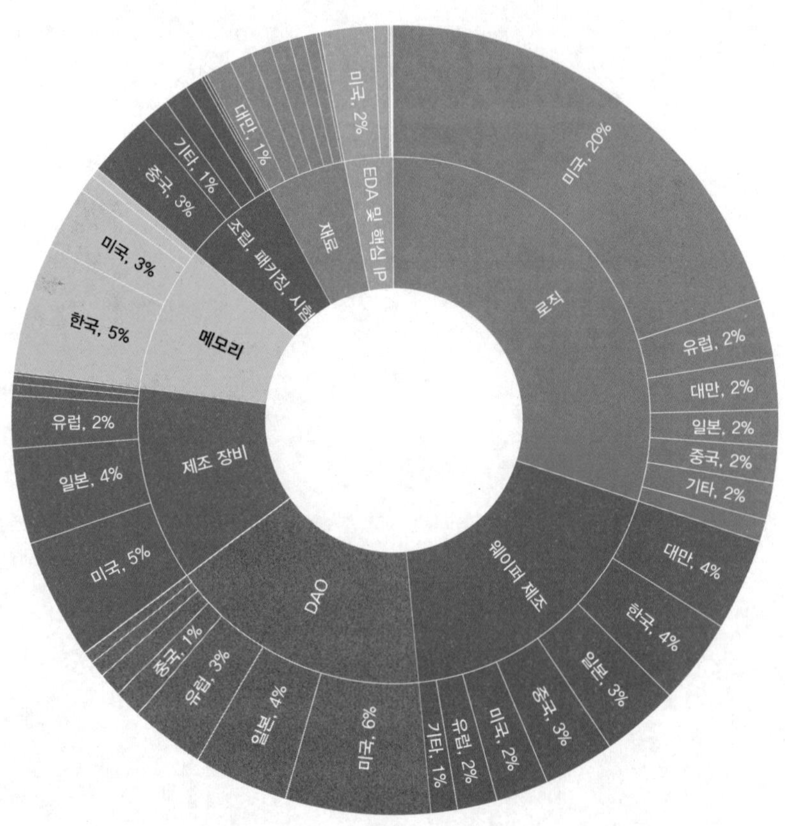

* 참고로 2019년은 메모리 반도체 업황이 나빠서 반도체 산업 내 부가가치가 많이 하락했었다.

글로벌 반도체 주요 국가별 생산 분포

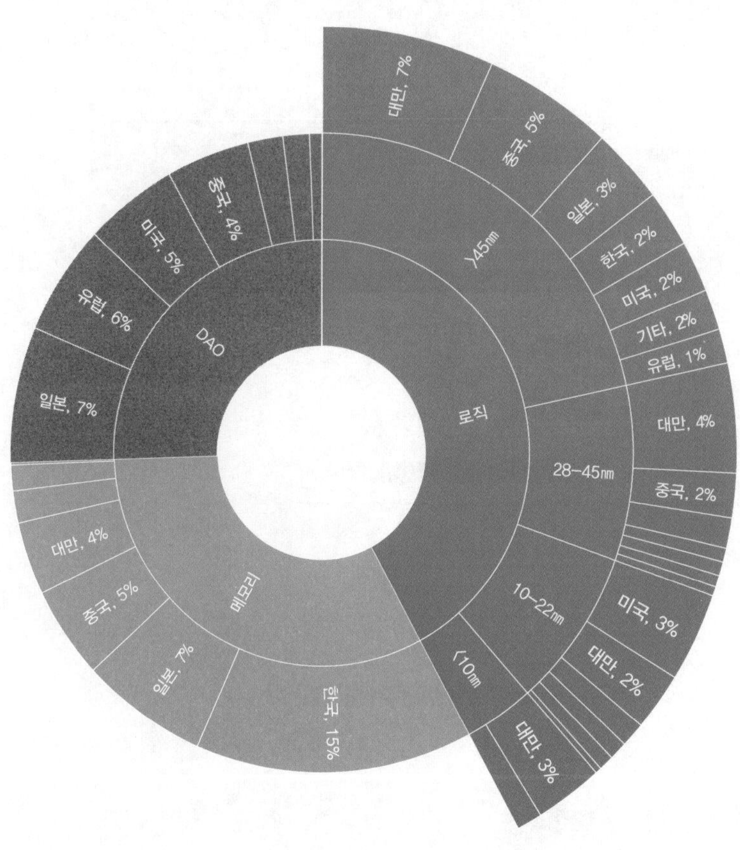

주요 지역별 반도체 생산 능력(2020년)

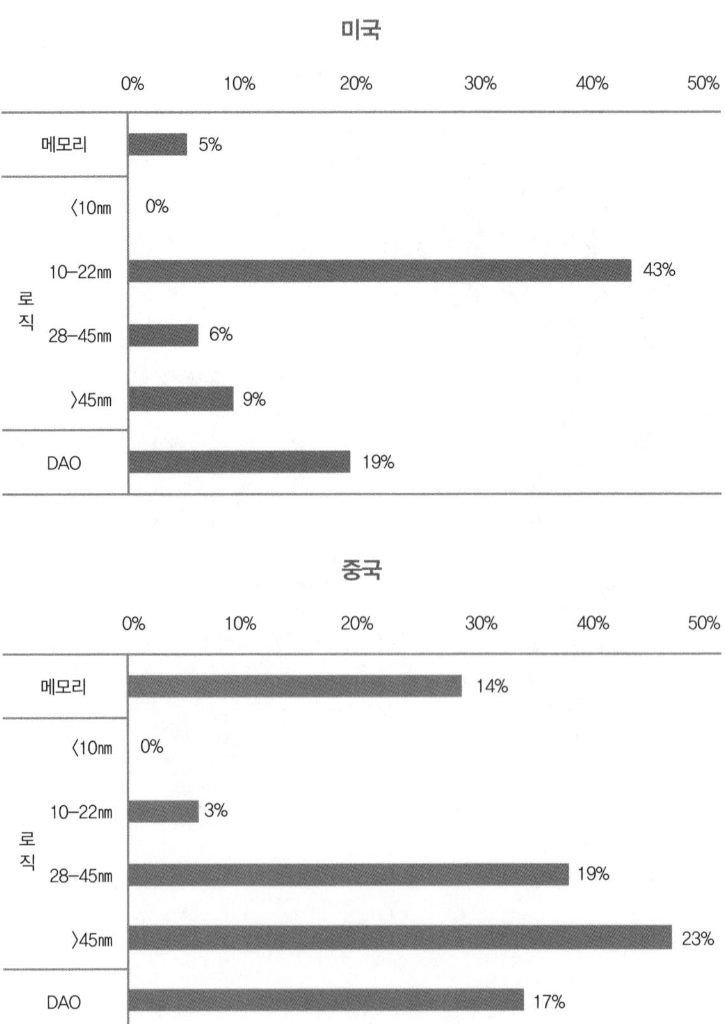

대만

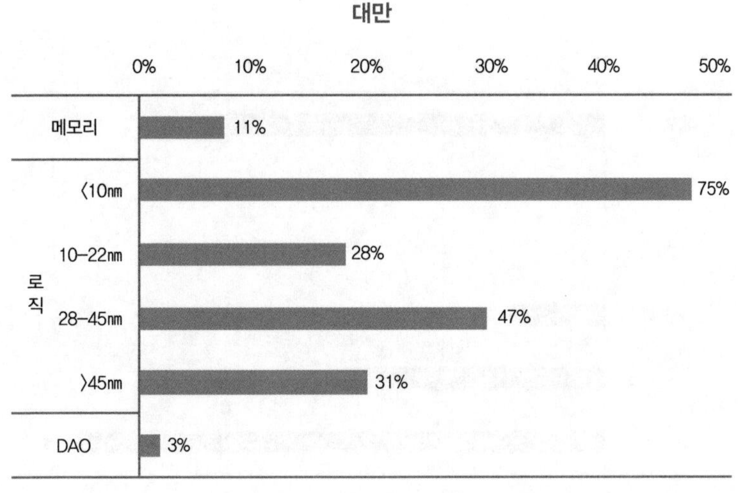

한국

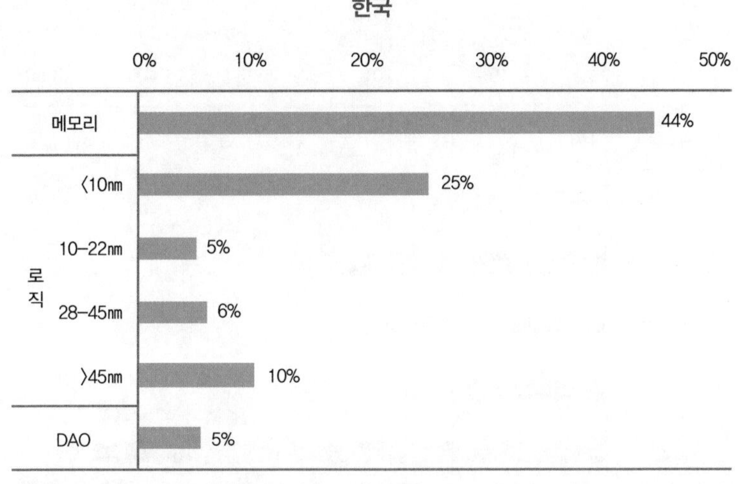

* 2019년 10㎚에서 대만과 한국이 92:8이었는데 2020년 말 75:25 정도로 한국의 비중이 커졌다.

일본

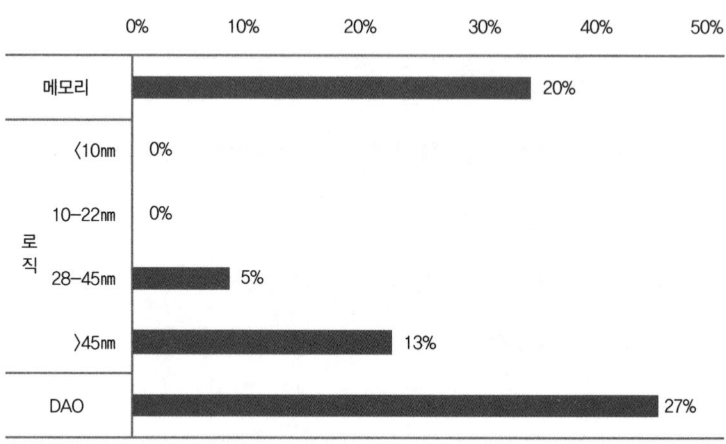
0%
10%
20%
30%
40%
50%
메모리
20%
〈10nm
0%
10–22nm
0%
로직
28–45nm
5%
〉45nm
13%
DAO
27%

유럽

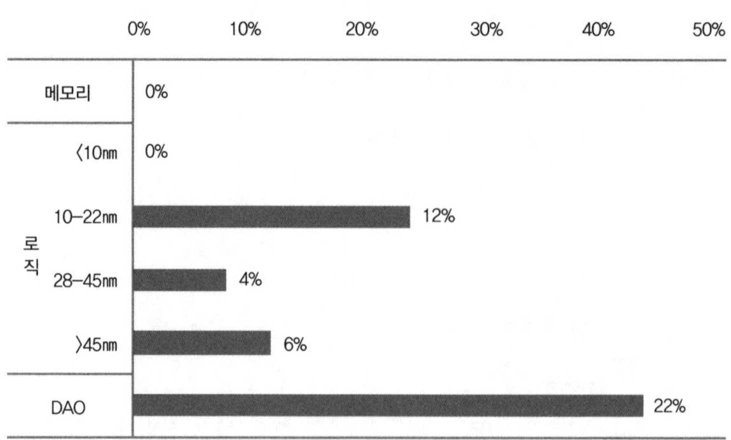
0%
10%
20%
30%
40%
50%
메모리
0%
〈10nm
0%
10–22nm
12%
로직
28–45nm
4%
〉45nm
6%
DAO
22%

미중 무역 분쟁에 대한 유럽 및 일본 반도체 기업들의 대응

기업 구분		국가	업체명	사업내용	미중 갈등 관련 내용
Chipless	IP	영국	ARM	팹리스 업체들의 설계용 IP 및 기타 반도체 IP 제공	• 미중 갈등 대응 방식: 규제업체 대상 납품 중단 • 주요 이슈: NVIDIA와의 합병 • 기업 관심사: NVIDIA와의 합병 시너지 및 ARM China 이슈 • 미중 갈등 영향: 부분적 1) 하이실리콘이 규제를 받으며 일부 매출 감소 경험. 다만 주요 고객사가 대부분 미국이라 미국 규제에 충실. 2) NVIDIA의 합병 진행 중. 중국의 반대 시 합병 무산 위험. 각국 정부 및 기업 대상 로비 진행 중이나 반대진영의 로비 강세. 3) ARM China CEO 교체 난항. 경영권 분쟁 진행 중. ARM China는 판매사라 기술유출 우려는 제한적이나 매출 타격 불가피.
IDM	시스템반도체	스위스	ST Micro electronics	차량용, 전력용 반도체 주력.차량용 반도체 1,2위를 경쟁 / 유럽 내 가장 큰 반도체 기업. 대부분 이탈리아와 프랑스에 제조 공장을 보유.	• 미중 갈등 대응 방식: 규제업체 대상 납품 중단– 주요 이슈: 차량용 반도체 공급 부족 • 기업 관심사: 차량용 반도체 수요 대응 방안 및 공장 증설– 미중 갈등 영향: 제한적. 1) 규제는 중국 내 일부 규제 대상 업체에 한함. 2) 차량용 반도체 수요 증가가 규제로 인한 판매 감소분을 커버.

IDM	시스템반도체	독일	Infineon	전력, 차량용, 보안용 반도체 주력. 전력반도체는 10년 넘도록 1위, 자동차용 역시 르네사스 NXP와 함께 1,2위를 경쟁 독일을 비롯한 유럽 지역과 미국, 그리고 아시아에 웨이퍼 제조 공장 보유.	3) 일부 판매 감소분은 차량용 반도체 가격 인상분이 커버. 4) 공장은 대부분 중국 외 지역에 위치. 증설도 중국 외 지역 전망. 개별 기업의 구체적인 증설 일정이나 지역은 확인되지 않음(미국 반도체 굴기에 따라 미국 내 증설은 가능한 시나리오 중 하나).
		네덜란드	NXP	차량용, 보안용 반도체 주력/경쟁사와 달리 전력반도체 시장에서는 입지가 없음.차량용 반도체 1,2위를 경쟁대부분 미국 내 제조 공장을 보유, 패키징은 아시아 지역에서 시행.	
		일본	Renesas	차량용 반도체 주력.일본의 강한 자동차 산업에 힘입어 차량용 반도체에서는 1,2위를 경쟁. 제조 공장은 일본 내 보유	

IDM	메모리	일본	Kioxia	NAND 생산 업체 / 제조 공장은 일본 내 보유	• 미중 갈등 대응 방식: 규제업체 대상 납품 허가 요청. • 주요 이슈: 미중 갈등에 따른 화웨이 제재. • 기업 관심사: 화웨이 대상 납품 재개, 새로운 고객사 유치, IPO 재개. • 미중 갈등 영향: 매우 높음. 1) 스마트폰용 NAND 매출(40%) 중 상당 부분으로 파악. 2) 화웨이향 매출을 대체할 업체를 구하는 데에 난항. 다만 중국내 세컨티어 스마트폰 업체들로 고객사가 대체되는 중.
장비	노광	네덜란드	ASML	전 종류의 노광장비, EUV 노광장비 독점	• 미중 갈등 대응 방식: 규제업체 대상 납품 중단. • 주요 이슈: 공정 미세화에 따른 EUV 수요 증가 및 메모리 공정 EUV 적용. • 기업 관심사: EUV 장비 출하 대수 제고. • 미중 갈등 영향: 제한적. 1) EUV 광원을 미국의 Cymer 사로부터 조달하여 중국 업체향 납품 중단. 2) EUV 장비 주요 수요자는 TSMC와 삼성전자. 중국 업체가 아님.
	식각	일본	Tokyo Electron	Coater & Developer, 종형로, 절연막 에칭 장비 등	• 미중 갈등 대응 방식: 특별히 대응하지 않고 있음. • 주요 이슈: 중국의 소재 및 부품 생산 현지화. • 기업 관심사: 개별 기업의 이슈에 국한된 관심사.
		일본	고쿠사이 일렉트릭	종형로, ALD	
		일본	Hitachi High Tech	게이트 에칭	
	세정	일본	Screen Holdings	세정장비	

장비	cmp	일본	Ebara	CMP	
	후공정	일본	디스코	후공정 Dicing saw	
	기타	일본	다이후쿠	공정 간 운반시스템	
소재	웨이퍼	일본	Shin-etsu	웨이퍼 시장 점유율 1위	
		일본	Sumco	웨이퍼 시장 점유율 2위 (실트로닉 & 글로벌 웨이퍼스 합병 완료 이후 3위)	
	가스	프랑스	Air Products	반도체용 특수가스 (식각, 세정, 기타)	• 미중 갈등 영향: 제한적 1) 대다수 소부장, 특히 소재의 경우 미국 기술 이용 정도가 낮은 편. 애초에 중국향 수출 자체에 큰 문제가 없음. 2) 중국은 중국 내 공장 증설 요구했으나 “필요성 못 느낀다” 언급. 3) 하이엔드 제품의 주요 고객사는 중국이 아닌 대만과 한국.
		독일	Linde	반도체용 특수가스 (식각, 세정, 기타)	
		일본	Kanto Denka	고순도 에칭 가스	
	케미칼	일본	Showa Denko	고순도 에칭 및 세정 가스, 화합물 반도체 재료 (Chemicals) 등	
	블랭크마스크	일본	Hoya	전체 반도체용 블랭크 마스크 시장 점유율 70% 이상, EUV용 마스크는 사실상 독점	
		일본	Ulcoat	2nd-tier 블랭크 마스크 업체, ULVAC의 자회사	
	포토마스크	일본	Dai Nippon Printing	디스플레이용 FMM	
		일본	Toppan Printing	디스플레이용 FMM	

IDM 업체

- 반도체 제조에 필요한 대다수의 장비를 생산하는 AMAT, Lam Research 등이 모두 미국 기업인 관계로 중국 쪽을 배척할 수밖에 없는 상황.
- 중국향 매출 비중보다는 타지역 매출 의존도가 압도적으로 높아 미중 무역 분쟁에서 미국의 손을 들고 있으나 일부 피해가 있는 것으로 확인.
- 미국 기업들과 마찬가지로 수출 허가 요청을 한 상태이지만, 유럽 기업에 대한 심사가 느리게 진행되고 있음.
- 화웨이향 매출 등이 급감했음에도 전방 수요 개선과 차량용 반도체 부족 사태로 인한 가격 인상 이슈로 실적은 견조.
- 2020년 3분기 기준, 주요 아날로그 반도체 업체(IDM 업체)들의 화웨이향 매출 비중은 ST Microelectronics 4.7%, Texas Instruments 3%, Infineon 2.9%, NXP 2.6%, Micro Chip 1.6%, Renesas Electronics 0.4%. 업계 내 화웨이향 비중이 가장 높은 것은 ST Microelectronics. ST Micro는 화웨이향 제품 출하 불가 및 환율 불확실성 반영하여 보수적 가이던스 제시했으나 실제 2020년 실적은 비교적 견조한 편.
- 위 업체들에게 주요 이슈는 미중 갈등보다는 100%에 근접한 가동률에도 불구하고 공급을 늘릴 수 있는가에 해당.
- 결론적으로 차량용 반도체 수요에 대응해 증설을 할 것인가가 주요 관심사. 중국 규제 이슈는 차량용 반도체 수요 증가가 커버. 즉, 주요 고객사

중 '화웨이'가 2021년부터 사라질 전망이나 전체적인 시장 수요 증가로 중국 규제 이슈의 영향은 미미.

- 공장 증설 사이트의 경우 원래 미국, 유럽, 일본 지역 내 공장을 보유한 바 미중 갈등이 없더라도 굳이 중국 내 증설을 할 이유가 없음.
- 특별한 대응 없이 자연스럽게 중국 규제 이슈가 극복된 상황.

ASML

- ASML의 경우 EUV 광원을 미국의 Cymer 사로부터 얻고 있어 SMIC를 포함한 중국 업체 쪽으로 납품을 중단한 상황.
- 다만 ASML의 주요 매출은 한국과 대만에서 발생하고 있어 사실상 미중 무역 분쟁으로 인한 피해는 제한적인 것으로 파악.

기타 소부장

- ASML을 제외한 대다수의 소부장 업체들은 독자적인 기술을 가지고 있으며 미국의 기술이 개입된 비중은 다소 제한적임.
- 사실상 중국향 수출에 큰 문제가 없는 것으로 파악. 일부 피해가 있을 수는 있겠지만 그리 큰 수준은 아니라고 판단.

결론

- 미중 무역 분쟁으로 인해 피해를 받는 업체들은 중국향 매출 비중을 가진 시스템 반도체 업체들과 메모리 업체들로 판단.
- 이들이 피해를 받는 이유는 제조 과정에서 다수의 미국 장비 및 소재를 이용하기 때문.
- 역으로 미국의 기술을 특별히 이용하지 않고, 자신들이 원천 기술을 가진 소재 및 장비 기업들(주로 일본의 소부장 업체)의 피해는 제한적.
- 특히 일본 및 유럽 지역에 위치한 다수의 반도체 업체들은 하이엔드급 장비 및 소재를 판매하는 회사로, 중국향 매출 비중이 적은 편.
- 대다수의 유럽 및 일본 업체들은 미중 갈등에 의한 영향을 크게 받고 있지 않으며, 설령 받고 있더라도 그 영향이 다소 제한적인 것으로 판단.
- 위 표에서 제시된 업체 중 사실상 미중 갈등에 따른 영향을 직접적으로 받고 있는 업체는 키오시아(화웨이향 매출 감소)와 ARM(ARM China와 엔비디아와의 합병 문제) 2개 사 정도.

반도체 기업들의 밸류에이션

			IDM				장비		
기업명			ST Micro	Infineon	NXP	Renesas	ASML	TEL	Screen Holdings
TICKER			STM IM	IFX GR	NXPI US	6723 JP	ASML NA	8035 JP	7735 JP
현지통화	종가	2021.5.14	29.19	31.72	192.27	1,184	528	46,410	9,760
백만USD	시가총액	2021.5.14	32,283	50,268	53,019	18,754	268,829	66,686	4,531
Return (%)	주가 그래프	2021.5.14 ~							
	1D	2021.5.13	1.0	3.0	3.1	3.7	3.0	4.8	5.2
	1W	2021.5.6	-3.0	0.3	-0.1	-3.3	-0.3	-4.8	-5.2
	1M	2021.4.13	-11.1	-10.5	-4.8	-6.6	0.4	-6.1	-11.5
	3M	2021.2.13	-17.4	-10.2	-1.1	-7.6	6.7	8.0	12.1
	6M	2020.11.13	0.8	20.4	31.3	26.8	49.7	49.6	62.9
	YTD	2021.1.4	-8.0	-0.3	18.7	9.6	30.0	22.4	27.6
	1Y	2020.5.13	28.1	83.8	106.7	104.1	92.7	104.0	77.5
Multiple (X)	PER	2019	23.4	21.4	129.1	n/a	43.0	17.4	37.3
		2020	30.3	92.6	40.0	40.7	45.0	30.0	29.9
		2021E	20.9	28.4	20.1	23.1	42.6	22.4	17.8
		2022E	18.4	24.1	18.2	17.8	35.6	19.7	14.7
	PBR	2019	3.4	2.4	3.8	2.1	8.0	3.8	1.1
		2020	4.0	3.5	5.0	3.0	11.9	7.1	2.2
		2021E	3.5	3.8	6.7	2.7	14.8	6.2	2.0
		2022E	3.0	3.5	6.2	2.3	13.0	5.4	1.8
	PSR	2019	2.5	2.4	4.0	1.8	9.4	2.9	0.6
		2020	3.3	3.6	5.2	2.6	11.9	5.2	1.4
		2021E	2.7	3.8	5.0	2.4	12.3	4.3	1.3
		2022E	2.5	3.4	4.7	2.2	10.9	4.0	1.2
	EV/ EBITDA	2019	11.3	8.7	15.3	11.4	30.8	10.6	10.1
		2020	14.6	19.8	13.5	11.1	31.5	10.6	12.7
		2021E	10.6	14.8	15.2	9.4	34.1	14.4	9.9
		2022E	9.2	12.8	13.6	8.0	29.0	12.6	8.1
Profitability (단위: 억 달러,%)	매출액	2019	95.6	90.6	88.8	66	132	104	30
		2020	102.2	96.0	86.1	67	160	132	30
		2021E	121.2	132.9	105.4	76	217	148	34
		2022E	128.0	146.2	112.0	84	246	162	36
	영업이익	2019	12.1	13.1	6.8	2	31	22	1
		2020	13.3	6.6	4.2	7	49	30	2
		2021E	18.8	21.2	33.5	11	72	37	3
		2022E	21.2	25.6	36.7	14	84	43	4
	순이익	2019	10.4	10.3	2.8	0	29	17	1
		2020	11.2	4.7	0.5	5	42	23	2
		2021E	15.8	16.5	27.1	8	62	29	2
		2022E	17.9	20.2	27.0	11	74	33	3
	ROE	2019	15.5%	12.1%	2.8%	0.5%	20.3%	21.6%	4.2%
		2020	14.4%	4.7%	0.6%	7.8%	26.7%	26.6%	8.9%
		2021E	17.3%	12.0%	22.6%	13.8%	35.9%	30.4%	12.2%
		2022E	17.4%	13.7%	25.2%	13.8%	38.4%	29.9%	13.3%
	OPM	2019	13%	14%	8%	3%	23%	21%	4%
		2020	13%	7%	5%	10%	30%	23%	8%
		2021E	15%	16%	32%	14%	33%	25%	10%
		2022E	17%	17%	33%	16%	34%	26%	11%

웨이퍼		GAS			Chemical	Blank Mask		Photo Mask	
Shin-etsu	Sumco	Air Products	Linde	"Kanto Denka"	"Showa Denko"	Hoya	Ulvac	Toppan	Dai Nippon Printing
4063 JP	3436 JP	APD US	LIN US	4047 JP	4004 JP	7741 JP	6728 JP	7911 JP	7912 JP
18,020	2,446	301.05	301.17	850	3,575.00	13,035	4,665	1,827	2,319
68,625	6,487	66,627	156,612	447	4,892	44,046	2,104	5,840	6,872
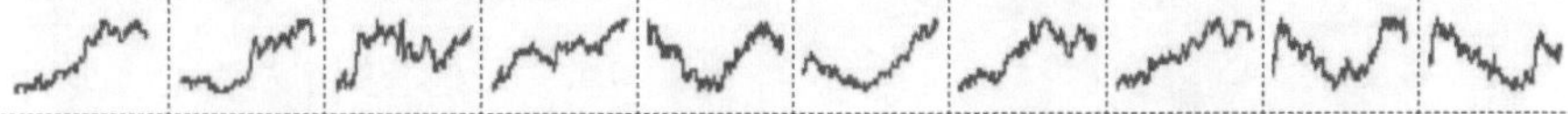									
2.7	3.8	0.4	1.1	1.7	5.5	5.2	1.7	4.9	9.5
−3.2	−10.6	2.5	1.6	−3.2	5.9	−1.7	−6.5	−4.3	3.5
−5.2	−9.6	5.6	5.2	−7.5	7.0	−4.2	−7.3	−5.6	0.8
−1.4	0.7	15.5	19.2	−0.1	34.6	−0.2	−9.9	16.3	19.5
18.3	48.2	14.1	17.2	17.4	85.8	2.9	10.7	26.6	16.8
1.0	8.8	12.2	16.4	7.5	62.3	−10.1	6.5	28.1	27.5
50.4	44.5	33.3	68.5	−8.3	51.2	30.0	58.8	20.0	6.6
14.2	16.2	27.0	29.0	8.9	5.8	30.3	9.0	6.3	9.8
26.3	25.9	35.3	32.0	14.3	n/a	38.7	14.2	7.9	26.0
21.3	23.6	33.2	31.1	12.7	159.2	33.9	20.4	19.1	17.1
19.5	16.5	28.1	28.4	9.7	18.1	29.5	15.6	19.0	15.9
1.7	1.8	4.4	2.3	1.0	0.8	5.3	1.1	0.5	0.7
2.7	2.1	5.4	2.9	1.0	0.8	7.0	1.0	0.5	0.6
2.4	2.1	5.0	3.3	n/a	1.3	6.5	1.4	n/a	0.6
2.2	1.9	4.7	3.3	n/a	1.3	5.9	1.3	n/a	0.6
2.9	1.8	5.5	4.1	0.8	0.5	6.0	0.8	0.4	0.5
5.2	2.3	7.4	5.1	1.0	0.3	8.9	0.8	0.4	0.5
4.5	2.3	6.8	5.4	0.9	0.4	8.0	1.3	0.4	0.5
4.3	2.1	6.2	5.1	0.9	0.4	7.5	1.2	0.4	0.5
6.5	7.1	15.4	15.3	3.8	4.0	17.2	5.0	4.9	4.7
12.5	9.0	19.6	17.3	3.8	25.8	22.1	5.5	4.5	5.4
10.5	8.4	17.9	17.7	n/a	9.7	20.5	8.4	n/a	n/a
9.6	6.6	15.9	16.5	n/a	7.8	18.0	6.4	n/a	n/a
142	27	89	282.3	4.9	83	53	20	137	129
141	27	89	272.4	4.9	91	52	17	138	126
153	29	98	291.3	5.0	123	56	16	135	125
161	31	107	306.9	5.6	126	60	18	134	127
37	5	22	52.7	0.7	11	14	2	6	5
37	4	22	58.0	0.5	−2	16	1	6	5
42	4	24	65.4	0.6	5	17	1	5	5
46	6	27	71.4	0.8	8	19	2	5	5
28	3	18	40.0	0.5	8	11	2	3	4
28	2	19	43.7	0.3	−6	12	1	3	3
32	3	20	48.3	0.4	0	13	1	3	3
35	4	24	52.5	0.5	3	15	1	3	4
12.1%	11.4%	16.6%	7.9%	11.9%	18.3%	18.1%	11.8%	3.1%	4.2%
10.9%	8.4%	16.2%	9.1%	11.9%	−13.4%	19.6%	5.3%	2.7%	3.4%
12.1%	9.1%	15.9%	10.5%	n/a	0.5%	20.8%	7.0%	2.1%	3.8%
11.9%	11.9%	19.3%	11.2%	n/a	7.7%	22.3%	9.4%	2.2%	4.3%
26%	17%	24%	19%	14%	13%	26%	11%	4%	4%
26%	13%	25%	21%	11%	−2%	30%	9%	4%	4%
27%	14%	24%	22%	12%	4%	30%	9%	4%	4%
28%	18%	25%	23%	14%	6%	32%	12%	4%	4%

반도체 투자 전쟁

초판 1쇄 발행 2021년 6월 20일
초판 3쇄 발행 2021년 7월 22일

지은이 김영우
펴낸이 김동환, 김선준

편집팀장 한보라 **편집팀** 최한솔, 최구영
마케팅 권두리 **디자인** 김혜림
외주 교정교열 김동화 **본문 디자인** 강수진

펴낸곳 페이지2북스 **출판등록** 2019년 4월 25일 제 2019-000129호
주소 서울시 영등포구 국제금융로2길 37 에스트레뉴 1304호
전화 070) 7730-5880 **팩스** 02) 332-5856
이메일 page2books@naver.com
종이 (주)월드페이퍼 **인쇄 · 제본** (주)더블비

ISBN 979-11-90977-27-2 (03320)